GEWÜRZE

Die Quintessenz der raffinierten Küche

MIT 120 REZEPTEN

Text

DIE SCOTTO-SCHWESTERN:

Elisabeth Scotto

Marianne Comolli

Michèle Carles

Fotos

CHRISTINE FLEURENT

Stylistin

MARIE-FRANCE MICHALON

CHRISTIAN VERLAG

INHALT

EINLEITUNG

Die Lust an Gewürzen, die die Küche mit ihrem Aroma erfüllen, beginnt nicht erst beim Kochen, sie beginnt schon beim Sammeln von wilden Kräutern, irgendwo an einem Hang, im Gestrüpp oder am Wegesrand, beim Schneiden im Garten, auf dem Balkon, der Terrasse oder sogar auf dem Fensterbrett, aber auch auf dem Markt, wo zahllose Kräuter und Gewürze angeboten werden, mit Namen, die Träume in uns wecken und die nach Abenteuer riechen.

Hände berühren eine Basilikumpflanze, streifen eine Staude Zitronenverbene, gleiten über eine Wegbegrenzung aus Thymian, reiben eine Mandarinenschale oder pflücken eine goldgelbe Fencheldolde, die zarte, blaue Blüte des Schwarzkümmels oder eine zierliche Mohnblume, die aussieht wie aus zerknitterter roter Seide. Diese Hände gehören ebenso wie die Nase, die sich am Aroma eines Madrascurrys oder am Duft eines Stückchens Sternanis berauscht, sicher einem Genießer, der davon träumt, diese im Vorübergehen eingesammelten Gerüche mit den ihm bekannten Geschmacksrichtungen und Farben neu zu vereinen.

Uns alle, Feinschmecker wie Köche, treibt das sinnlich-ästhetische Vergnügen am Kosten und Ausprobieren eines Gerichts in die Küche, und mag es noch so einfach sein. Doch sollte man nicht von Einfachheit sprechen angesichts des unendlichen Reichtums der Pflanzenwelt, deren aromatische Teile – ob Stengel, Blätter, Knospen, Blüten, Samen, Früchte, Beeren, Schoten, Rinden, Wurzeln, Knollen und Wurzelstöcke – unseren Genuss erst möglich machen. Uns stehen heute mehr Gewürze ganz selbstverständlich zur Verfügung, als die Königin von Saba König Salomo schenken konnte oder als Gavius Apicius, der berühmte Koch zur Zeit des Tiberius, in seinem Kochbuch zitierte. In seinen Rezepten schwelgt er in allen nur möglichen Aromen, die den Gerichten einfach beigegeben wurden, ohne Unterschied und ohne Maß. Den Römern war das Einfache zuwider – sie schöpften aus dem Vollen, und die Gallier schauten es ihnen ab.

Taillevent, berühmter Küchenchef verschiedener französischer Könige, schrieb das erste professionelle Kochbuch Frankreichs – *Le Viandier.* Der Text erschien vermutlich schon vor 1380, und zahlreiche Abschriften kursierten später unter allen großen Küchenchefs der damaligen Zeit. Hier findet man zum Beispiel das Rezept für eine äußerst würzige Zubereitung namens »Sauce cameline« und für eine »Sauce noire« oder eine »Sauce d'enfer«, also eine Höllensauce. Alle waren höchst kompliziert in der Zubereitung, sehr mächtig und würzig. Sie wurden zu einer Vielzahl von Gerichten serviert und waren bis ins 17. Jahrhundert sehr beliebt.

Solche geschmacklichen Exzesse sind heute unvorstellbar. Wir bevorzugen klare und genau voneinander abgegrenzte Aromen. Nur wenige Zutaten werden gleichzeitig eingesetzt, was Originalität, Kühnheit oder auch Freiheit jedoch nicht ausschließt. Der Koch ist und bleibt ein Künstler, der den Alchemisten oder Hexenmeister in sich manchmal zu Hilfe ruft. Mit harmonisch aufeinander abgestimmten Farben und Düften, der Beschaffenheit, ob etwas knusprig, zart, fest ist oder im Munde zergeht, sollen alle Sinne angesprochen werden. Ein klarer Geschmack, nahe am Ursprungsprodukt, wie schon Brillat-Savarin es wünschte, soll durch die Art des Garens, Zuschneidens und Würzens möglichst wenig verändert werden.

Selbstverständlich können wir uns auch für das komplexe Aroma mancher Gewürzmischungen begeistern. Tajines, Currys, Ragouts und Farcen bieten Gelegenheit, sich der ganzen Palette von Aromen zu bedienen. Trotzdem sollte man nicht alle auf einmal in den Kochtopf rieseln lassen. Das Ergebnis wäre ein wenig ansprechendes Durcheinander. Geizen muss man mit ihnen wie eine Hexe, die einen Zaubertrank zubereitet – man nimmt hier eine Prise, da ein Löffelchen voll, einen Hauch, eine Messerspitze, ein Blatt, einen Splitter oder nur einen Tropfen.

Experimente sind natürlich erlaubt, und in der Küche kann jeder der Phantasie freien Lauf lassen. Zum Beispiel fügten wir einem Kalbsragout einmal eine Vanilleschote bei. Bei Tisch kam niemand auf die Idee, die geheimnisvolle Nuance, die ungewohnte Intensität der Sauce der Vanille zuzuschreiben, dabei war ihr Geschmack durchaus auszumachen.

Dass ein paar Körnchen Pfeffer oder wenig Salz ausreichen, um ein Gericht harmonisch abzuschmecken, ist nicht simpel, sondern raffiniert. Frische Garnelen aus der Bretagne, in einer Pfanne mit Pfeffer und Salz angebraten und mit etwas Olivenöl beträufelt, sind ein sehr gutes Beispiel für diese raffinierte Einfachheit. Vergessen wir nicht jenen römischen Ästheten, der zur Zeit des Kaiserreichs weißen Pfeffer und schwarzes Salz in Schälchen arrangierte. Unser Salz heute ist weiß und unser Pfeffer schwarz, fruchtiger als der weiße Pfeffer der Römer. Beim Erhitzen verströmt er einen wuchtigen Weihrauchduft, der an seine javanischen Ursprünge denken lässt. Leider ist solcher Pfeffer auch heute selten, wie all jene Gewürze, die bis ins 17. Jahrhundert eine Kostbarkeit waren, deren Herkunft man nicht kannte und von denen man träumte. Mussten sie nicht geradewegs aus dem Paradies kommen, um so schön und so gut zu sein? So wurden die Körner des Meleguetapfeffers auch »Paradieskörner« genannt, ein viel zu hübscher Name, als dass er in Vergessenheit geraten sollte. Schon die bloße Erwähnung weckt Lüste und Neugier. Dieses Paradies der Aromen, Geschmäcker und Farben regt unsere Phantasie und unsere Lust am Essen an. Seine Tore stehen weit offen, damit wir die Kunst des Kochens voller Begeisterung pflegen.

Sichuanpfeffer

KNOBLAUCH

Allium sativum

Im Mai, wenn der Knoblauch reift, sind die Zwiebeln zart und wohlschmeckend. Die Zehen, in Wirklichkeit sind es Brutzwiebeln, kann man roh essen, ohne dass sie gleich den Gaumen reizten. Zahllose weiße Häute umhüllen sie, mit feinen Rippen, und sie schmecken so raffiniert und frisch, dass man sie für Salate, Suppen oder Saucen verwendet, einfach zerdrückt oder fein gehackt. Die äußeren Häute, kräftig rosa geädert oder violett gefärbt, sollte man jedoch entfernen: Sie sind etwas zäh.

Frischer Knoblauch hält sich auch im Kühlschrank nur ein paar Tage, ganz im Unterschied zu jenem anderen, der sehr viel später geerntet wird, um Sankt Johann, also Ende Juni, und der sich auch lagern lässt. Dieser hält sich bis zur Ernte des folgenden Jahres wie etwa die Sorte »Moulinin rouge«, die auf den Knoblauchmärkten von Marseille verkauft wird. Die Amerikaner in New Orleans bereiten dem Knoblauch sogar jedes Jahr ein Fest. Gefeiert wird der *elephant garlic*, der größte Knoblauch der Welt, dessen Knolle nur aus drei riesigen Zehen besteht. Man flicht dann Halsketten daraus, um Vampire fernzuhalten!

Eingelegter Knoblauch mit Gewürzen

Für 8 bis 10 Personen
Vorbereitung: 5 Minuten
Garzeit: 45 Minuten, im Voraus

2 GROSSE KNOLLEN JUNGER KNOBLAUCH
3 LORBEERBLÄTTER
2 ZWEIGE ROSMARIN, 3 VOGELAUGENCHILLIES
1 TEELÖFFEL SCHWARZE PFEFFERKÖRNER
EIN FRUCHTIGES OLIVENÖL

1. Die äußeren Häute der Knoblauchzwiebeln entfernen, diese in Zehen zerteilen, aber nicht schälen.
2. Die Knoblauchzehen mit den Lorbeerblättern, dem Rosmarin, den Chilischoten und dem Pfeffer in einen Topf geben und mit dem Öl bedecken – je nach Größe des Topfes, aber auch der Knoblauchzehen braucht man dazu mindestens $^1/_2$ Liter.
3. Den Topf mit dem Öl auf den Herd stellen und bei schwacher Hitze erwärmen. Sobald das Öl zu sieden beginnt, alles 45 Minuten bei geringer Hitze simmern lassen. Das Öl sollte dabei nie zum Kochen kommen.
4. Sind die Knoblauchzehen von dem würzigen Öl durchtränkt, alles abkühlen lassen und anschließend in Gläser füllen. Diese im Kühlschrank aufbewahren, wo sich der eingemachte Knoblauch etwa einen Monat hält.

Eingelegten Knoblauch können Sie im Mikrowellenherd erwärmen und beispielsweise als Beilage zu Braten, gebratenem Fischfilet oder Ratatouille reichen.
Lassen Sie den Knoblauch länger garen, dann wird er so cremig, dass er sich auf Croûtons streichen lässt, die man als Beilage zu eingelegtem Gemüse, Salaten, Fleisch und Fisch reicht.

Spaghetti mit gebratenem Knoblauch

Für 4 Personen
Vorbereitung und Garzeit: 15 Minuten

400 G SPAGHETTI MITTLERER STÄRKE
1 KNOLLE JUNGER KNOBLAUCH
1 ROTE CHILISCHOTE
100 ML FRUCHTIGES OLIVENÖL
SALZ, PFEFFER

1. Die Knoblauchzehen schälen; die kleineren ganz lassen, die größeren halbieren.
2. Das Öl in einer beschichteten kleinen Pfanne bei schwacher Hitze erwärmen. Die Knoblauchzehen und die Chilischote zugeben und 10 Minuten simmern lassen. Das Öl darf nicht zu heiß, der Knoblauch nicht braun werden: Die Knoblauchzehen sollten weich und goldgelb sein, wie eingemacht. Anschließend die Pfefferschote entfernen.
3. In der Zwischenzeit die Spaghetti in viel Salzwasser al dente kochen. Abgießen und in eine flache Schale geben, damit man die Spaghetti nicht zu häufig wenden muss, um sie mit dem Öl zu mischen. Mit feinem Salz bestreuen – das verhindert, dass das Öl zu leicht von den Nudeln abläuft.
4. Den Inhalt der Pfanne über die Nudeln verteilen. Mischen und sofort servieren. Bei Tisch mit frisch gemahlenem Pfeffer würzen.

Sie können die Spaghetti mit geriebenem Käse, mit Parmesan oder Pecorino etwa, bestreuen.

Falls Spaghetti übrig bleiben, kann man diese in der Pfanne von beiden Seiten anbraten, sodass man einen knusprigen Pfannkuchen erhält.

DILL

Anethum graveolens

Die Dillpflanze ist ein Doldenblütler mit fiedrigen Blättern und einem leichten Anisaroma. Die gelben Blüten duften stark und bringen im Sommer braune, ovale Samen hervor, die etwas geriffelt aussehen, federleicht sind und so ähnlich wie Kümmel schmecken.

Die Samen besitzen ein starkes Aroma, während die Blätter nur frisch duften. Dill ist ein wichtiges Gewürz in der skandinavischen Küche, man findet ihn zum Beispiel in der Marinade des berühmten Graved Lachs und auch in der dazugehörigen pikanten Senfsauce. In Polen und Russland wird er im Borschtsch und vielen Schmorgerichten verwendet. In Armenien gilt der Dill als *tere-ote*, als »Gotteskraut«, und dient unter anderem dazu, die berühmten *dolmas*, die gefüllten Weinblätter, und die *böreks*, Blätterteigtaschen mit Käsefüllung, zu würzen.

Die Dillblättchen haben ein leichtes Anisaroma, das dem des wilden Fenchels sehr ähnelt. Sie schmecken nur frisch und ungegart, zum Beispiel in Salaten, in Quark, in einem mit Jogurt angemachten Gurkensalat oder unmittelbar vor dem Servieren über eine Suppe gestreut. Beim Kochen verschwindet ihr zartes Aroma. Auch zu Blattsalaten mit Blüten oder Kräutern passt Dill wunderbar.

Ein indischer Verwandter unseres Dills, *Anethum sawo*, gehört in manche Currys. Seine Samen sind länger und schmaler, sehen eher aus wie Kümmel.

Dill gehört zu den Kräutern, die wir im Abendland von jeher kennen. Es wird ihm auch eine gewisse Heilkraft zugeschrieben: Er soll beruhigen und die Verdauung fördern. In der Antike stand der Dill als Symbol für Lebensfreude, im Mittelalter glaubte man, er könne das Böse fernhalten.

Lachs in Dillmarinade

mit Senfsauce

Für 8 Personen
Vorbereitung: 15 Minuten
Marinierzeit: 12 Stunden

1 LACHSFILET VON 1,5 KG, MIT HAUT
2 GROSSE BUND DILL
4 ESSLÖFFEL GROBES MEERSALZ
3 ESSLÖFFEL ZUCKER
1 ESSLÖFFEL DILLSAMEN
1 ESSLÖFFEL ZERSTOSSENER WEISSER PFEFFER

Für die Sauce:

200 G CRÈME FRAÎCHE
1 ESSLÖFFEL DIJONSENF
2 ESSLÖFFEL ZITRONENSAFT
2 ESSLÖFFEL OLIVENÖL
1 ESSLÖFFEL FEIN GEHACKTER DILL
1 ESSLÖFFEL SCHNITTLAUCHRÖLLCHEN
6 PRISEN MUSKATNUSS
SALZ, PFEFFER

1. Das Lachsfilet abspülen und trockentupfen. Den Dill ebenfalls waschen und trockentupfen. Die Blättchen von den Stengeln zupfen.
2. Die Dillblättchen hacken, und die Stengel in einer tiefen Form verteilen, in die der Lachs hineinpasst. Meersalz, Zucker, die Dillsamen und den gehackten Dill mit dem weißen Pfeffer in einer Schale vermischen.
3. Den Lachs mit der Hautseite auf die Lage Dillstengel legen. Den Fisch mit der Gewürzmischung aus der Schale bestreuen. Mit Klarsichtfolie abdecken, in den Kühlschrank stellen und 12 Stunden marinieren lassen.
4. Anschließend den Fisch abspülen und trockentupfen, mit der Hautseite nach unten auf ein Brett legen. Den Lachs mit einem sehr scharfen Messer in feine Scheiben schneiden. Die Klinge wird fast parallel zum Brett geführt, die Haut sollte nicht angeschnitten werden: Sie bleibt am Ende auf dem Brett zurück. Die Lachsscheiben auf einem großen Teller verteilen, mit Klarsichtfolie abdecken und während der Zubereitung der Sauce im Kühlschrank aufbewahren.
5. In einer Schale Senf und Crème fraîche miteinander mischen. Den Zitronensaft unterschlagen, sodass die Sauce dickflüssig wird. Anschließend das Öl zugeben, dann den Dill, den Schnittlauch, Muskat, Salz und Pfeffer unterrühren. Den Lachs und die Sauce getrennt voneinander reichen.

Reichen Sie zu dem marinierten Lachs grünen oder auch wilden Spargel, außerdem Zitronenachtel und gedämpfte Kartoffeln.

Den Lachs sollte man nicht länger als 12 Stunden marinieren lassen, sonst wird er zu salzig. Wenn Sie ihn nicht gleich servieren, träufeln Sie etwas Öl darüber und stellen Sie ihn mit Klarsichtfolie zugedeckt in den Kühlschrank.

ANIS & FENCHEL

Pimpinella anisum & Foeniculum vulgare

Die Anispflanze, *Pimpinella anisum,* ist ein kleiner Doldenblütler aus den Gärten des Mittelmeerraums. Anis wird schon seit so langer Zeit angebaut, dass er als Wildpflanze heute unbekannt ist. Die frischen, leuchtend grünen Blätter schmecken hervorragend im Salat. Aus den weißen Blüten entstehen ovale, hellbraune Samen mit zehn Rillen, die ganz oder gemahlen verwendet werden, in Brot oder in Desserts. Sie gehören beispielsweise in Honigkuchen, in den französischen Anisette, den griechischen Ouzo oder den türkischen Raki.

Im Mittelalter reichte man kandierte Anissamen als Dessert, und der Küchenmeister der französischen Könige Karl V. und Karl VI., Taillevent, bereitete eine Paste aus Anis, Zimt und Ingwer, mit der er einen Apfelkuchen abschmeckte. Bis heute kaut man in Indien Anissamen für einen frischen Atem und zur Förderung der Verdauung.

Gewürzfenchel, *Foeniculum vulgare,* wächst einfach am Wegesrand. Man verwendet die Blätter wie die des Dills, trotz ihres stärkeren Aromas. In den Mittelmeerländern werden jedoch die getrockneten Stengel bevorzugt, die man schneidet, bevor die Samen reif sind. Man verwendet sie wie Kleinholz. Beim Verbrennen verströmen sie ein leichtes Anisaroma, das zum Beispiel einen Loup de mer, eine Dorade oder andere Fische beim Garen über der Glut zart würzt. Die gerippten Samenkörner sind gekrümmt, gelblich grün und schmecken nach Anis. Gemahlen verwendet man sie zum Würzen von Fischsuppen, Farcen und Wurst, aber auch für Likör. Die ganzen Körner würzen Brote und in einigen Regionen Italiens gegrillte Fische wie Sardinen oder Meerbarben.

Gemüsefenchel hingegen ist eine Gartenpflanze, die Knollen mit zarten, saftigen Blättern entwickelt. Man isst ihn roh oder gekocht, eben als Gemüse. Die Blätter lassen sich aber auch wie die des Gewürzfenchels oder des Dills verwenden.

Nudeln mit Sardinen

Für 4 Personen. Vorbereitung: 45 Minuten
Garzeit: 30 Minuten

300 G DICKERE NUDELN WIE BUCATINI ODER PERCIATELLI
750 G FRISCHE SARDINEN
2 ESSLÖFFEL KORINTHEN
4 IN SALZ EINGELEGTE ANCHOVIS, 50 G MILDE ZWIEBELN
400 G GEWÜRZFENCHEL ODER KLEINE FENCHELKNOLLEN
1 TEELÖFFEL SARDELLENPASTE
2 ESSLÖFFEL PINIENKERNE
5 ESSLÖFFEL OLIVENÖL, SALZ, PFEFFER

1. Die Korinthen in lauwarmem Wasser einweichen. Die Anchovisfilets abtupfen und in Stücke schneiden. Die Zwiebeln schälen und fein hacken.
2. Den Fenchel waschen und das untere Ende abschneiden. In 2 Litern Salzwasser 15 Minuten oder länger kochen. Abgießen, das Kochwasser zur Seite stellen. Den Fenchel fein hacken.
3. Die Sardinen entschuppen, ausnehmen und die Köpfe abschneiden. Filetieren, entgräten, abspülen und trockentupfen.
4. Das Öl in einem beschichteten Schmortopf erhitzen und die Zwiebeln darin hellgelb andünsten. Den Fenchel zugeben, 10 Minuten garen und die Sardellenpaste unterrühren. Sobald diese sich aufgelöst hat, die Pinienkerne zugeben und anrösten. Dann die Korinthen zugeben. Kurz vermischen und die Sardinenfilets hinzufügen. Unter Rühren 3 Minuten garen. Salzen, pfeffern und vom Feuer nehmen.
5. Die Nudeln im Kochwasser des Fenchels al dente kochen, abgießen, aber nicht zu sehr abtropfen lassen und zu der Fenchel-Fisch-Mischung geben. Gut vermischen und lauwarm oder kalt servieren.

STERNANIS

Illicium verum

Ein Sternchen mit acht mattbraunen Fruchtblättern, in denen jeweils ein glänzender glatter Samen steckt: Das ist der Sternanis, ebenso aromatisch wie hübsch anzusehen. Diese Sternchen sind die Früchte eines kleinen Baums mit gelben Blüten, eines Verwandten der Magnolie. Erst nach sechs Jahren beginnt er Früchte zu tragen, dann aber mehr als hundert Jahre lang. Der würzigste Teil der Frucht ist die Schale, doch vor allem verwendet man die gemahlenen Kerne, die zum Beispiel in das Fünf-Gewürz-Pulver gehören, das in der chinesischen und vietnamesischen Küche sehr beliebt ist.

Wegen seiner heilenden Wirkung wurde der Sternanis bereits in der Antike verwendet, doch seit dem Mittelalter ist er ein höchst begehrtes Gewürz. Als Statthalter einer der Provinzen Chinas, in denen der Sternanis wächst, hütete sich Marco Polo zu enthüllen, woher dieses wertvolle und seltene Gewürz stammte, denn der Baum des Sternanis gedeiht nur im Süden Chinas und im Süden Vietnams. Hier gilt er als Symbol des Wohlstands.

Das weiche, volle Anisaroma findet man in allen anishaltigen Getränken, ob Pastis, Absinth oder anderen. Schon eine Spur Sternanis, ob ein paar Samen oder ein Stück der Schale, reicht zum Würzen einer Sauce zu Meeresfrüchten oder eines Fischsuds. Man würzt damit Geflügel, rotes Fleisch und auch Desserts wie gedünstete Äpfel und Birnen, Pfirsich- oder Melonenkompott, Mousse au chocolat oder Schokoladenkuchen.

Rindfleisch in Gelee

mit Sternanis

Für 6 Personen. Vorbereitung: 10 Minuten
Garzeit: 4 Stunden, im Voraus

1 KG RINDFLEISCH: MAGERES SCHULTERSTÜCK,
OBERSCHALE ODER RUMPSTEAK
4 ESSLÖFFEL SOJASAUCE
2 ESSLÖFFEL TROCKENER WEISSER WERMUT
2 ESSLÖFFEL ZUCKER
80 G FRISCHER INGWER, 3 STERNANIS
2 BLATT GELATINE, SALZ, PFEFFER

1. In einem großen Topf Wasser zum Kochen bringen. Das Fleisch hineingeben, 5 Minuten kochen, herausheben und abtropfen lassen. Den Topf ausspülen und trockenreiben.
2. Das Fleisch mit der Sojasauce, dem Wermut, dem Zucker, dem in Scheiben geschnittenen Ingwer und dem Sternanis wieder in den Topf geben. Salzen und pfeffern. So viel Wasser hinzufügen, dass das Fleisch knapp bedeckt ist. Bei schwacher Hitze zum Kochen bringen, den Topf schließen und das Fleisch 4 Stunden oder länger schmoren lassen, bis es sehr weich geworden ist.
3. Anschließend das Fleisch abtropfen und abkühlen lassen. Im Kühlschrank aufbewahren.
4. Die Gelatineblätter in kaltem Wasser einweichen. Die Garflüssigkeit durch ein Sieb in einen Topf gießen und bei großer Flamme auf etwa 1/4 Liter einkochen lassen. Den Topf vom Feuer nehmen und die ausgedrückten Gelatineblätter in der heißen Flüssigkeit auflösen. Die Flüssigkeit 1 cm hoch in eine kleine, runde oder eckige Form gießen und im Kühlschrank gelieren lassen.
5. Das Fleisch in sehr feine Scheiben schneiden und auf einer Platte anrichten. Das Gelee würfeln und das Fleisch damit garnieren.

Honigäpfel

mit Sternanis

Für 4 Personen
Vorbereitung und Garzeit: 40 Minuten

4 ÄPFEL À 200 G, REINETTE, GALA ODER
GOLDEN DELICIOUS
80 G AKAZIENHONIG, 4 STERNANIS
1/2 ZITRONE

1. Den Honig in einen kleinen Topf geben, 400 ml Wasser und die Anissterne zugeben und alles langsam zum Kochen bringen.
2. Die Äpfel schälen, die Stiele aber belassen. Die Äpfel mit der Zitronenhälfte abreiben. In den kochenden Sirup geben und 30 Minuten im offenen Topf köcheln lassen. Die Früchte dabei von Zeit zu Zeit wenden.
3. Die Äpfel abtropfen lassen und in eine Schale legen. Den Sirup bei mittlerer Hitze 5 Minuten einkochen lassen, bis sich Bläschen bilden. Den Sirup über die Äpfel gießen.
4. Die Früchte warm oder lauwarm servieren. Sie schmecken aber auch kalt und sogar eisgekühlt.

Reichen Sie zu den Äpfeln Mandelgebäck:
1 Esslöffel Mehl mit 80 g Zucker vermischen. 25 g flüssige Butter, 120 g Mandelblätter und 2 Eiweiß zugeben und gut verrühren. Diesen Teig 12 Stunden im Kühlschrank ruhen lassen. Dann auf einem beschichteten Backblech dünne Kreise oder Ovale verteilen. 7 oder 8 Minuten bei 175 °C backen. Die Plätzchen mit einem Pfannenheber vom Blech lösen: Sie müssen weich und noch geschmeidig sein. Über eine Backrolle oder, falls sie größer sind, eine Flasche legen; man kann sie aber auch mit dem Griff eines Kochlöffels formen. Das Gebäck trocknet rasch und nimmt dabei eine hübsche halbrunde Form an. Dann auf einem Kuchenrost abkühlen lassen.

BOUQUET GARNI

Das Bouquet garni, ein Würzsträußchen, ist wesentlicher Bestandteil der französischen Küche und findet in zahlreichen Eintöpfen und Saucen, Brühen, Gerichten mit Huhn und Schmorgerichten aller Art Verwendung. Seine Zusammensetzung wird in den Rezepten meist nicht einmal mehr genannt, so bekannt ist sie angeblich: Thymian, Lorbeerblatt und Petersilie, mit Küchengarn zusammengehalten. Das Sträußchen wird bei Kochbeginn in das noch kalte Wasser gegeben und erst am Ende der Kochzeit wieder entfernt. Wichtig ist, die drei Zutaten ausgewogen zu dosieren. Außerdem sollten sie frisch sein: ein Zweig Thymian, zwei Lorbeerblätter und drei Stengel Petersilie. Gleichwohl kann die Zusammensetzung variieren, je nach Geschmack und nach Gericht, für das das Bouquet garni verwendet werden soll. In Schmorgerichte mit rotem Fleisch gehören außerdem Sellerie und ein Stück getrocknete Orangenschale, für helles Fleisch verwendet man einen Zweig Estragon, für Geflügel Rosmarin oder Bohnenkraut, für Schweinefleisch Salbei, für Meeresfrüchte Fenchel und Zitronenschale. Außerdem gehören in jedes Gericht mit einem Bouquet garni noch eine Zwiebel, Knoblauch oder eine Schalotte, die mit einer oder mehreren Gewürznelken gespickt werden. Das Bouquet garni kann auch grob zerpflückt und dann in ein Stückchen Gaze eingepackt werden. Oder man wickelt die anderen Zutaten in die Lorbeerblätter ein und hält alles mit einem Baumwollfaden zusammen, wie man es manchmal auf spanischen Märkten sieht.

Rinderragout mit Anchovis

Für 6 Personen
Vorbereitung: 30 Minuten
Garzeit: 5 Stunden

1,8 KG RUMPSTEAK
1 KG ZWIEBELN
4 KNOBLAUCHZEHEN
4 IN SALZ EINGELEGTE ANCHOVIS
1 BOUQUET GARNI AUS 3 LORBEERBLÄTTERN, 2 ZWEIGEN THYMIAN, 6 STENGELN PETERSILIE UND 1 STREIFEN ORANGENSCHALE, 5 CM LANG
4 GEWÜRZNELKEN
4 PRISEN MUSKATNUSS
2 ESSLÖFFEL ALTER WEINESSIG
5 ESSLÖFFEL OLIVENÖL
SALZ, PFEFFER

1. Das Fleisch vom Metzger in Scheiben à 100 g schneiden lassen, etwa 1/2 cm dick. Abtupfen.
2. In eine Schüssel 3 Esslöffel Öl, den Essig, die Nelken, Salz, Pfeffer und Muskatnuss geben. Mit der Gabel verschlagen und das Fleisch zugeben. Gut vermischen, sodass jede Scheibe von der würzigen Marinade überzogen ist. Die Zutaten zum Bouquet garni zusammenbinden.
3. Den Backofen auf 150 °C vorheizen. 3 Knoblauchzehen schälen und durch die Knoblauchpresse in eine andere Schüssel drücken. Die Zwiebeln schälen, sehr fein hacken und zu dem Knoblauch geben. Alles salzen, pfeffern und vermischen.
4. Einen Topf mit 4 Litern Fassungsvermögen mit 1 Esslöffel Öl fetten und eine Schicht Zwiebeln hineingeben. Eine Lage Fleisch darauf legen. Zwiebeln und Fleisch abwechselnd in den Topf schichten, bis alle Zutaten verbraucht sind. Zum Schluss eine Lage Zwiebeln darüber geben. Das Bouquet garni in die Mitte geben. Die Marinade hinzufügen. Den Topf schließen, und das Fleisch im Backofen 5 Stunden garen.
5. Anschließend die Anchovis zubereiten: Unter fließendem Wasser abreiben, um das Salz vollständig zu entfernen, filetieren und in den Mixer geben. Die letzte Knoblauchzehe schälen und zu den Anchovis geben. Den letzten Esslöffel Öl und 4 Esslöffel Saft aus dem Fleischtopf hinzufügen. Im Mixer pürieren. Die Paste zu dem heißen Fleisch geben, vorsichtig vermischen und 3 Minuten durchziehen lassen. Sofort im Topf servieren.

Reichen Sie kleine Dampfkartoffeln der Sorte Charlotte, Roseval, Ratte oder Bamberger Hörnchen dazu, oder auch dicke, kurze Nudeln wie Lumaconi, Farfalle oder Penne.

Hühnertopf mit Safran

Für 6 Personen
Vorbereitung: 15 Minuten
Garzeit: 2 Stunden

1 KOCHFERTIGES HUHN VON 2 KG
1 BOUQUET GARNI AUS 4 LORBEERBLÄTTERN,
2 ZWEIGEN THYMIAN UND 8 STENGELN PETERSILIE
1 KNOBLAUCHKNOLLE
1 STANGE SELLERIE MIT GRÜN
1 REIFE TOMATE
1 ZWIEBEL
6 GEWÜRZNELKEN
$^1/_2$ L TROCKENER WEISSWEIN
4 PRISEN GEMAHLENER SAFRAN
1 TEELÖFFEL PFEFFERKÖRNER
SALZ

1. Das Huhn in einen Topf geben und reichlich mit kaltem Wasser bedecken. Bei schwacher Hitze zum Kochen bringen. 30 Minuten kochen lassen, dabei häufig abschäumen.
2. Die Zwiebel schälen und mit den Nelken spicken. Die Tomate vierteln und die Selleriestange in Abschnitte teilen, die Blätter beiseite legen. Die Knoblauchknolle quer halbieren.
3. Nach 30 Minuten Kochzeit Zwiebel, Tomate, Bouquet garni, Sellerie mit Grün, Safran, Pfeffer, Wein und Knoblauch zugeben. Salzen und $1^1/_2$ Stunden weitergaren lassen.
4. Das Huhn abtropfen lassen und warm stellen. Den Knoblauch und das Bouquet garni aus der Bouillon nehmen. Etwa 1 Liter Suppe abmessen und einkochen lassen, bis sie dickflüssig wird. Die reduzierte Bouillon über das Huhn gießen und das Gericht sofort servieren.

Sie können zu dem Huhn Gemüse reichen, das in der restlichen Bouillon gegart wurde: Lauch, Karotten, Blumenkohl, kleine Erbsen, aber auch Langkornreis.

ZIMT

Cinnamomum verum

Zimt ist die Rinde eines riesigen Baums aus der Familie der Lorbeergewächse. Er wird in der Regenzeit »geerntet«, wenn der Baum voller Saft ist. Die Rinde wird in Streifen abgeschält, die man trocknet und von Hand aufrollt, sodass Röhrchen entstehen. Die Zimtstangen eignen sich sehr gut zum Aromatisieren von Sirup und Getränken wie Milch, Wein, Schokolade oder Kaffee; man gibt sie Alkohol, Essig oder in Sirup eingelegten Früchten bei. Gemahlen findet man Zimt auch in einigen Gewürzmischungen. Man aromatisiert Farcen und Kuchenteig damit. Obstkuchen, Milchreis und Plätzchen bestreut man mit Zimt. Er bereichert würzige Gerichte mit Curry, Ras el hanout, Kreuzkümmel oder Ingwer wie Tajines, Currys, Colombos, Pullaos und Chutneys um eine süße, blumige Note und verleiht einer Tomatensauce mit Lorbeer eine gewisse, leicht geheimnisvolle Tiefe.

Der beste Zimt, süß, schmackhaft, voll und sanft, kommt aus Sri Lanka, dem früheren Ceylon. Man sollte ihn nicht verwechseln mit Kassia, *Cinnamomum aromaticum,* dem »Chinesischen Zimt« von der Zimtkassie aus Birma. Dieser schmeckt schärfer, säuerlich, auch moschusartig und fast aggressiv. Er wird angeboten als Stücke einer braunen, rauen Schale. Gemahlen sieht Kassia dunkelrot aus, während der echte Zimt gelblich braun ist. Die Früchte und die weißen Blütenknospen der Zimtkassie werden unreif getrocknet und als Tee gegen Schnupfen und Grippe verwendet.

Zimt ist eines der Gewürze, die in Indien wie in China von jeher bekannt sind. Dort lassen sich seine Spuren bis zu einer botanischen Abhandlung aus dem Jahre 2700 v. Chr. zurückverfolgen. Bei uns ist er seit dem Mittelalter begehrt zum Würzen von Wein, Ragouts und Saucen.

Sandplätzchen

Für 30 Plätzchen. Vorbereitung: 25 Minuten
Ruhezeit: 1 Stunde. Backzeit: 40 Minuten

500 g Weizenmehl, Type 405
200 g Zucker
1 Esslöffel gemahlener Zimt
1 Päckchen Backpulver, 1 unbehandelte Zitrone
200 ml Erdnussöl

Zum Fetten des Blechs:

1 Teelöffel Erdnussöl

1. Das Mehl mit dem Backpulver in eine Schüssel sieben. Den Zucker und 2/3 des Zimtpulvers zugeben. Die Zitrone waschen und über der Schüssel die Schale abreiben. Dann vermischen.
2. Das Öl in feinem Strahl zugeben, dabei mit den Fingerspitzen vermischen. Den Teig zwischen den Handballen verreiben und wie Sand in die Schüssel rieseln lassen. Mit einem Tuch zudecken und 1 Stunde ruhen lassen.
3. Anschließend den Backofen auf 175 °C vorheizen. Zwei Kuchenbleche leicht einfetten. Etwa einen Esslöffel Teig in einer Hand rollen und dabei leicht mit dem Handballen der anderen abflachen, ohne den Teig allzu sehr zu drücken.
4. Die sehr empfindlichen Plätzchen in 2 cm Abstand auf den Blechen verteilen. 40 Minuten backen, bis die Plätzchen aufgehen und rissig werden, aber nicht gebräunt sind. Jedes Plätzchen mit einer Prise Zimt bestreuen und auf einem Kuchenrost abkühlen lassen.

Diese köstlich schmeckenden Plätzchen halten sich in einer gut verschlossenen Metalldose mehrere Tage.

Melonenkompott

mit dreierlei Gewürzen

Für 4 Personen
Vorbereitung: 15 Minuten
Garzeit: 15 Minuten
Kühlzeit: 6 Stunden

2 MELONEN À 600 G

2 STANGEN ZIMT

1 VANILLESCHOTE

40 G FRISCHER INGWER

60 G ZUCKER

1. Den Ingwer schälen und in feine Stifte schneiden. Die Vanilleschote längs halbieren. Den Ingwer, die Vanille, den Zimt und den Zucker in einen beschichteten Schmortopf geben, 300 ml Wasser zugeben und zum Kochen bringen. 5 Minuten kochen lassen.
2. In der Zwischenzeit die Melonen längs halbieren und die Kerne entfernen. Die Melonen schälen und in 1 cm dicke Spalten schneiden.
3. Nach 5 Minuten Kochzeit die Melonenspalten zugeben. Bei schwacher Hitze 3 Minuten auf jeder Seite ziehen lassen. Mit einem Schaumlöffel aus dem Topf heben. Die Flüssigkeit einkochen, bis sie sehr dickflüssig ist.
4. Die Melonenspalten in eine Schale geben und den würzigen Sirup darüber gießen. Die Melonen 6 Stunden im Kühlschrank durchziehen lassen.

Reichen Sie dieses Melonenkompott mit gemischten roten Früchten: vielleicht mit Walderdbeeren, Himbeeren, oder Roten Johannisbeeren, oder aber zu Vanilleeis oder Schokoladensorbet.

KARDAMOM

Elettaria cardamomum

Im Westen Kambodschas liegen die Kardamomhügel, deren Namen dieses Gewürz aus der Familie des Ingwers trägt. Es handelt sich um eine Schilfart, die 1,50 m hoch wird. Kardamomfrüchte sind kleine, runde Kapseln, beigefarben, wenn es sich um kambodschanischen Kardamom handelt, grün und länglich oder braun und viel größer als die beiden anderen Sorten, wenn er aus Indien stammt. Kardamom wächst wild in den Feuchtwäldern Asiens und wird heute in Guatemala, Tansania, Vietnam und Kambodscha angebaut. Die Früchte erntet man mit der Schere, bevor sie reif sind und die Kapseln sich öffnen, damit die kostbaren schwarzen Kerne nicht davonfliegen können. Nur geschlossene Schoten kommen in den Handel.

Kardamom wird in Indien hoch geschätzt, vor allem in verschiedenen Gewürzmischungen wie Curry oder *garam masala.* Außerdem knabbert man die Kapseln zusammen mit den Samen von grünem Anis und Zuckerperlen als eine farbige Mischung namens *suppari* nach dem Essen.

Von Ostasien aus eroberte der Kardamom dann den Mittleren Osten. Dort werden die Samen mit Kaffee zusammen gemahlen, oder eine geöffnete Kardamomkapsel wird vor dem Einschenken des Kaffees auf den Boden der Tasse gelegt. In Afrika wird er für unzählige Gewürzmischungen verwendet, etwa in Äthiopien oder in Marokko. Wir verwenden ihn heute eher selten. Dabei gehört Kardamom seit dem 12. Jahrhundert ins Honigbrot, und noch heute schmecken die Skandinavier manche Wurstsorten, ihr Brot, Kuchen und heiße Getränke damit ab.

Kardamom schmeckt intensiv, bitter, etwas zitronig und je nach Sorte mehr oder weniger kampferartig. Vielleicht verwenden wir ihn heute deshalb so selten. Dabei passt er außer zu exotischen Gerichten auch wunderbar zu Obstsalat, Kompott und zu Schokoladen- oder Mokkadesserts.

Um das Kardamomaroma richtig kennenzulernen, sollten Sie eine Kapsel unmittelbar vor der Verwendung öffnen oder ein paar Körner in der trockenen Pfanne anrösten. Verwenden Sie die Samen ganz oder zerstoßen.

Schokoladenkuchen

und Mokkasauce mit grünem Kardamom

Für 4 Personen
Vorbereitung: 25 Minuten
Backzeit: 40 Minuten

Für den Kuchen:

100 g halbbittere Kuvertüre
100 ml Sahne, 1 Vanilleschote
6 Kapseln brauner Kardamom
2 Teelöffel Pfeilwurzmehl
2 Eier
1 Esslöffel Zucker

Für die Sauce:

100 g brauner Zucker
100 ml sehr starker Kaffee
6 Kapseln grüner Kardamom
150 g Crème fraîche

Für die Form:

1 Stückchen Butter und 2 Teelöffel Zucker

1. Den Backofen auf 200 °C vorheizen. Eine Soufflé-Form aus feuerfestem Porzellan mit 16 cm Durchmesser einfetten und mit Zucker ausstreuen. Die Form dabei drehen, sodass sich der Zucker überall verteilt. Dann die Form umdrehen und den überschüssigen Zucker ausschütten.
2. Die Vanilleschote längs halbieren und mit den leicht zerdrückten Kardamomkapseln in einen Topf geben. Mit der Sahne zum Kochen bringen, vom Feuer nehmen und 15 Minuten ziehen lassen. Dann die Sahne durchseihen und bei schwacher Hitze wieder erwärmen. Die in Stückchen gebrochene Schokolade zugeben und 10 Minuten ruhen lassen, bis die Schokolade geschmolzen ist. Mit einem Holzlöffel glatt rühren und in eine Schüssel geben. Das Pfeilwurzmehl untermischen, glatt rühren und ganz abkühlen lassen.
3. Die Eier trennen. Das Eigelb zur Seite stellen, das Eiweiß in eine Schüssel geben. Die beiden Eigelb nacheinander zu der Schokoladenmischung geben. Jedes 1 Minute lang verrühren.
4. Das Eiweiß zu festem Schnee schlagen, nach und nach den Zucker unterschlagen, bis eine glatt glänzende Baisermasse entstanden ist. Zunächst 1 Löffel Eischnee unter kräftigem Rühren zu der Schokoladenmasse geben. Dann die Schokoladenmasse zu dem Eischnee geben und vorsichtig unterheben, aber keinesfalls rühren.
5. Den Teig in die Form geben und 40 Minuten backen. Den Kuchen nach dem Backen 10 Minuten ruhen lassen, bevor er aus der Form gehoben wird. Auf Zimmertemperatur abkühlen lassen.
6. Für die Sauce den braunen Zucker in eine beschichtete Pfanne geben. Den leicht zerdrückten Kardamom und 2 Esslöffel Wasser zugeben. Kochen lassen, bis der Karamell kräftig braun ist. Den Kaffee und die Crème fraîche gut unterrühren, etwas abkühlen lassen und in eine Sauciere geben.
7. Den Kuchen mit der lauwarmen Sauce servieren.

Basmatireis mit Silberblättern

Für 4 Personen
Vorbereitung: 15 Minuten. Garzeit: 30 Minuten

200 G BASMATIREIS
100 G ZWIEBELN, 2 KNOBLAUCHZEHEN
1 STANGE ZIMT, 4 CM LANG
12 KAPSELN BRAUNER KARDAMOM, JE 6 KAPSELN WEISSER UND GRÜNER KARDAMOM
4 PRISEN MUSKATNUSS, 4 GEWÜRZNELKEN
2 PRISEN GEMAHLENER KREUZKÜMMEL, 50 G BUTTER
1 ESSLÖFFEL ERDNUSSÖL
4 BIS 6 SILBERBLÄTTER, SALZ, PFEFFER

1. Die Zwiebeln und die Knoblauchzehen schälen und fein hacken.
2. Das Öl in einem gusseisernen Topf mit 4 Litern Fassungsvermögen erhitzen. Die Hälfte der Butter, den Knoblauch und die Zwiebeln zugeben. Alles 5 bis 6 Minuten anschwitzen.
3. Bei mäßiger Hitze den Reis zugeben und mit den Gewürzen leicht anrösten. 1/2 Liter kochendes Wasser zugeben. Salzen, pfeffern und vermischen. Den Topf schließen und den Reis in etwa 20 Minuten gar werden lassen, ohne zu rühren, bis er die gesamte Flüssigkeit aufgenommen hat.
4. Sobald der Reis gar ist, die restliche Butter untermischen. In eine Schüssel geben, mit den Silberblättern bestreuen und auftragen.

Dieses stark aromatische Reisgericht ist die ideale Beilage zu allen Currys, aber auch zu Gegrilltem, zu Spießen, Schweinefleisch, Lamm oder Ente.
Weil es schön aussieht, können Sie auch einen Teil der Reiskörner färben, indem Sie dem Kochwasser 1/2 Teelöffel Kurkuma zugeben.

Kurkuma

KÜMMEL & KREUZKÜMMEL

Carum carvi & Cuminum cyminum

Nichts haben sie miteinander gemein, und trotzdem werden sie ständig verwechselt – und das bis heute. Dabei schmeckt Kümmel leicht zitronig, auch anisartig, während der Kreuzkümmel eher eine pfeffrige Note hat; Kümmel wirkt erfrischend, während Kreuzkümmel scharf ist; Kümmel sticht auf der Zunge, bevor sein Geschmack ganz schnell verblasst, während Kreuzkümmel in der Nase sticht und lange nachschmeckt. Und um die Sache noch komplizierter zu machen, tragen beide auch noch fast denselben Namen.

Die Kümmelpflanze, *Carum carvi,* stammt aus Asien und gehört der gleichen Familie an wie die Petersilie. Inzwischen ist sie in Europa völlig heimisch geworden und wächst wild sogar an Wegrändern. Angebaut wird sie in Mittel- und Nordeuropa. Kümmel besteht aus kleinen, braunen Samen, die in einem Bogen am Ende spitz zulaufen. Fünf helle Furchen überziehen jeden Samen. Wir essen Kümmel in Brot, Suppen, Wurst, Sauerkraut und Käse. In der niederländischen Provinz Haarlem etwa baut man ihn seit Jahrhunderten an, um den Gouda damit zu würzen. In Frankreich gehört er in Kräuterbrot und wird traditionell zum elsässischen Munster-Käse gereicht.

Kreuzkümmel, *Cuminum cyminum,* stammt aus dem Niltal. Bald wurde er überall in Nordafrika angebaut, dann auch in Spanien, von wo er sich nach Amerika ausbreitete. Im Osten ist er von Kleinasien bis China verbreitet Seine länglichen, geraden Samen sind hellbraun oder grünlich und ebenfalls längs gerippt. Es gibt auch eine schwarze Kreuzkümmelsorte mit länglichen braunen Samen, die zart nach gemähtem Heu duften.

Kreuzkümmel lässt sich sehr vielfältig verwenden, allein oder zusammen mit anderen Gewürzen: In Indien gehört er in alle Gewürzmischungen – in Currys wie *garam masala.* In Nordafrika verleiht er Tajines, Couscous und Fleischspießen ein besonderes Aroma. Außerdem ist er Bestandteil des Ras el hanout. In der Türkei steht Kümmel auf jedem Tisch, um Fleisch und Gemüse zu würzen. In Spanien wird er zusammen mit Knoblauch, Oregano und mehr oder weniger kräftigem Paprika zum Würzen der Chorizo verwendet. In Mexiko ist er unerlässlich für jedes Chili con carne, zusammen mit Paprika und Chilischoten, Oregano, Knoblauch und Zwiebeln.

Goldgelbes Kümmelbrot

Für 6 Personen
Vorbereitung: 20 Minuten. Garzeit: 40 Minuten

100 G RÄUCHERSPECK IN SCHEIBEN À 1/2 CM STÄRKE
50 G ALTER MIMOLETTE ODER ALTER GOUDA
3 TEELÖFFEL KÜMMELSAMEN
2 ESSLÖFFEL SCHNITTLAUCH, FEIN GESCHNITTEN
150 G MEHL, 2 EIER
4 ESSLÖFFEL MILCH
4 ESSLÖFFEL OLIVENÖL
1 TEELÖFFEL ZUCKER
3/4 TEELÖFFEL SALZ
1 1/2 TEELÖFFEL BACKPULVER
REICHLICH PFEFFER

Für die Form:

1 STÜCKCHEN BUTTER UND 2 ESSLÖFFEL MEHL

1. Den Backofen auf 175 °C vorheizen. Eine Kastenform von 18 cm Länge mit Butter ausstreichen, dann mit Mehl bestäuben.
2. Den Speck würfeln und in einer Pfanne anrösten. Abtropfen lassen. Den Käse fein reiben.
3. Die Eier mit Salz, Pfeffer und Zucker in eine Schüssel geben. Mit dem Handrührgerät schlagen und dabei die Milch und das Öl hinzufügen. Das Mehl mit dem Backpulver in die Schüssel sieben, dann unter Rühren den Speck, den Käse, 2 Teelöffel Kümmel und den Schnittlauch zugeben.
4. Den Teig in die Form geben und mit dem restlichen Kümmel bestreuen. In den Ofen stellen. Die Temperatur auf 150 °C reduzieren und das Brot 40 Minuten backen, bis es gut aufgegangen und goldbraun ist. Etwa 5 Minuten ruhen lassen. Aus der Form nehmen und auf einem Rost abkühlen lassen.

Karamellisierte Karotten mit Kreuzkümmel

Für 4 Personen
Vorbereitung: 10 Minuten
Garzeit: 35 Minuten

750 G JUNGE KAROTTEN
12 ZEHEN JUNGER KNOBLAUCH
1 ESSLÖFFEL BLÜTENHONIG
1 TEELÖFFEL GEMAHLENER KREUZKÜMMEL
1 TEELÖFFEL KREUZKÜMMELSAMEN
50 G BUTTER
SALZ, PFEFFER
KREUZKÜMMELSAMEN ZUM BESTREUEN

1. Die Karotten schälen. Kleinere Karotten ganz lassen, größere schräg in 2 cm lange Stücke schneiden. Den Knoblauch schälen, sodass die letzte Haut erhalten bleibt.
2. Die Butter zusammen mit 200 ml Wasser, dem gemahlenen Kreuzkümmel und den Kreuzkümmelsamen, Honig, Salz und Pfeffer in einem beschichteten Schmortopf zum Kochen bringen. Die Karotten und die Knoblauchzehen zugeben. Zugedeckt etwa 35 Minuten bei mäßiger Hitze garen. Dabei von Zeit zu Zeit umrühren, bis das ganze Wasser verdampft ist und die Karotten karamellisiert und weich sind.
3. Mit Kreuzkümmelsamen bestreuen und mischen. Heiß servieren.

Diese Karotten passen ausgezeichnet zu hellem Fleisch und gebratenem Geflügel.
Sie können auch Kreuzkümmelplätzchen dazu reichen: Mit einem Holzlöffel 2 Eiweiß und 30 g Zucker mischen. 50 g gesiebtes Mehl, 60 g flüssige Butter und 1 Esslöffel Kreuzkümmelsamen zugeben. Den Teig auf einem beschichteten Backblech zu sehr dünnen Kreisen ausbreiten. 8 bis 10 Minuten bei 175 °C backen, dann mit einem Pfannenheber vom Blech heben: Die Plätzchen sollten weich und geschmeidig sein. Die Kreise, wenn sie klein sind, über eine Backrolle legen, sonst über eine Flasche. Die Plätzchen trocknen dann rasch und nehmen eine halbrunde Form an. Auf einem Rost abkühlen lassen und zu den Karotten reichen.

FÜNF-GEWÜRZ-PULVER

Diese Mischung aus fünf milden und blumigen Gewürzen stammt aus China: Sternanis, Sichuanpfeffer, Fenchel, Gewürznelken und Zimt. Doch häufig werden aus den fünf Gewürzen acht, zehn oder mehr, angereichert um Süßholz, Ingwer, Kardamom oder andere. Kuchenteig, Obstkompott oder Herbstfrüchte wie Mirabellen, Feigen, Äpfel oder Birnen schmecken durch einen Hauch dieser magischen Mischung intensiver. Man kann sie sogar anstelle des nordamerikanischen *pumpkin pie spice* verwenden, zu dem Zimt, Ingwer, Muskatnuss und -blüte, Nelken und Piment gehören und mit dem der traditionelle Kürbiskuchen zu Halloween abgeschmeckt wird.

Das Fünf-Gewürz-Pulver wird besonders in Südchina und Vietnam für Fleisch- und Geflügelmarinaden verwendet. In der Gegend um Sichuan löst man das Gewürz in leicht süßem chinesischem Weißwein mit Wasser auf. Dann gibt man frisch geriebenen Ingwer und gehackte Winterzwiebeln zu und gart in dieser aromatischen Marinade Fleisch und Geflügel.

Das Fünf-Gewürz-Pulver ist von gelbbrauner oder brauner Farbe und wird in Asienläden verkauft. Man kann es aber auch ganz leicht selbst zubereiten und dabei die Gewürze nach Geschmack dosieren.

Karamellisierte Schweinefleischbällchen

Für 4 Personen
Vorbereitung: 10 Minuten. Garzeit: 10 Minuten

350 G SCHWEINEFLEISCH OHNE KNOCHEN UND FETT: FILETSPITZEN ODER KAMM
4 ESSLÖFFEL SOJASAUCE
3 ESSLÖFFEL TROCKENER, WEISSER WERMUT
2 ESSLÖFFEL MUSKATELLERWEIN WIE BEAUMES-DE-VENISE, RIVESALTES, LUNEL ODER ANDERE
2 ESSLÖFFEL ERDNUSSÖL
1/2 TEELÖFFEL FÜNF-GEWÜRZ-PULVER
SALZ, PFEFFER

1. Das Fleisch würfeln und in einen Mixer geben. 1 Esslöffel Sojasauce, 1 Esslöffel Wein, 1 Esslöffel Wermut, Fünf-Gewürz-Pulver, Salz und Pfeffer zugeben. Bei mittlerer Geschwindigkeit 1 Minute lang fein pürieren.
2. Zwischen den Handflächen 36 Bällchen formen. Wenn man die Hände zwischendurch immer wieder in kaltes Wasser taucht, lässt sich das Fleisch leichter formen.
3. Den restlichen Wein mit der Sojasauce und dem Wermut in einer Schale mischen.
4. Das Öl in einer beschichteten Pfanne erhitzen und die Fleischbällchen 8 bis 10 Minuten braten, dabei wenden. Das Bratfett abgießen und die Weinmischung in die Pfanne geben. Bei großer Hitze einkochen lassen, bis die gesamte Flüssigkeit verdampft ist und die Bällchen von einem dunklen Karamell überzogen sind.
5. Die Schweinefleischbällchen heiß, lauwarm oder auch kalt servieren. Reis oder rohe Gemüse dazu reichen.

Die Bällchen lassen sich auch mit Geflügelfleisch zubereiten.

Entenbrust mit Feigen und Honig

und Meersalz mit Fünf-Gewürz-Pulver

Für 4 Personen
Vorbereitung: 15 Minuten, 1 Stunde im Voraus
Garzeit: 30 Minuten

2 ENTENBRÜSTE À 400 G
1 ESSLÖFFEL BALSAMESSIG
1 ESSLÖFFEL AKAZIENHONIG
1 ESSLÖFFEL ZERSTOSSENER PFEFFER
SALZ

Für die Feigen:

12 FESTE REIFE, SCHWARZE FEIGEN
2 ESSLÖFFEL AKAZIENHONIG
2 ESSLÖFFEL BRAUNER ZUCKER
6 PRISEN GEMAHLENER ZIMT

Außerdem:

1 ESSLÖFFEL FEINES MEERSALZ
1 ESSLÖFFEL FÜNF-GEWÜRZ-PULVER

1. Die Entenbrüste 1 Stunde bei Zimmertemperatur ruhen lassen.
2. Die Haut der Brüste kreuzweise leicht einritzen. Auf der Fleischseite pfeffern und salzen. Einen ovalen gusseisernen Topf bei mittlerer Hitze erwärmen. Die Entenbrüste mit der Hautseite nach unten hineinlegen und 10 Minuten braten. Dabei von Zeit zu Zeit mit dem austretenden Fett begießen.
3. Für die Zubereitung der Feigen den Backofen auf 250 °C vorheizen. Die Feigen in Honig wenden, dann in eine ausreichend große, feuerfeste Form legen. Mit dem Zucker und dem Zimt bestreuen.
4. Nach 10 Minuten Bratzeit der Entenbrüste das Fett abgießen. Das Fleisch wenden und weitere 3 Minuten braten. Die nun krosse Hautseite ein paarmal mit der Gabel einstechen, damit noch mehr Fett austritt. Die Brüste aus dem Topf nehmen und das Fett abgießen.
5. Nun den Essig und den Honig in den Topf geben und vom Herd ziehen. Wenn der Essig vollständig verdampft ist, die Brüste mit der Hautseite nach unten wieder in den Topf legen. Den Topf schließen und das Fleisch 10 Minuten ruhen lassen.
6. In der Zwischenzeit die Form mit den Feigen für 10 Minuten in den Ofen schieben.
7. Das Fleisch mit der Hautseite nach unten auf ein Brett legen. 1 Esslöffel warmes Wasser in den Topf geben und verrühren. Die Entenbrüste in feine Scheiben schneiden und auf vier Tellern anrichten. Den Fleischsaft, der beim Schneiden austritt, in den Topf geben und mit dem Bratfond verrühren. Diese Sauce über das Fleisch geben. Die Feigen dazulegen und sofort servieren. Das Meersalz mit dem Fünf-Gewürz-Pulver mischen und in einem Schälchen dazu reichen.

ZITRONENGRAS

Cymbopogon citratus

Das Zitronengras, auch Lemon- oder Serehgras genannt, stammt aus dem tropischen Asien. Heute wird es in allen warmen, sonnigen Ländern angebaut. Man verwendet nur die verdickten Enden und die blassgelben Stengel des frischen Zitronengrases, die grünen Blätter sind zu faserig. Dank des Citral – einer aromatischen Substanz, die bei der Parfum- und Zitronenaromaherstellung verwendet wird – verleiht das Zitronengras allen Gerichten ein ganz typisches Aroma, das besonders in Thailand und in Indonesien geschätzt wird. Getrocknet, als Streifen oder gemahlen, verliert es leider viel davon.

Frisches Zitronengras kann man zwar ersetzen durch Limettenschale, doch es lässt sich ganz einfach selbst züchten. Man muss nur eine ganz frische Knolle Zitronengras mit Wurzelansätzen in ein Glas Wasser stellen: Schon bald beginnen die Wurzeln zu wachsen, und die Knolle kann in einen Blumentopf in Erde gepflanzt werden. Auf einem sonnigen Balkon wird sie sich rasch vermehren. Im Winter sollte man das Zitronengras an einen hellen Platz im Haus stellen.

Schweinecurry mit Kokos und Zitronengras

Für 4 Personen
Vorbereitung: 20 Minuten
Garzeit: 1 Stunde 30 Minuten

800 G SCHWEINEFLEISCH OHNE FETT UND KNOCHEN: KAMM, KARREE ODER FILET
3 FRISCHE STENGEL ZITRONENGRAS
100 G ZWIEBELN
2 KNOBLAUCHZEHEN
50 G FRISCHER INGWER
400 ML KOKOSMILCH
2 TEELÖFFEL GEMAHLENER CURRY
1/2 TEELÖFFEL GEMAHLENER ZIMT
4 BIS 6 PRISEN CAYENNEPFEFFER
1 ESSLÖFFEL LIMETTENSAFT
2 ESSLÖFFEL KORIANDERBLÄTTER, FEIN GESCHNITTEN
SALZ, PFEFFER

1. Das Fleisch in 2 cm große Würfel schneiden. Die harten Teile des Zitronengrases entfernen und die zarten Knollen in Scheiben schneiden.
2. Die Zwiebeln, den Knoblauch und den Ingwer schälen und getrennt voneinander grob hacken.
3. Die Kokosmilch in den Mixer geben. Knoblauch, Zwiebeln, Ingwer, Curry, Zimt, Cayennepfeffer, Salz und Pfeffer zugeben und fein pürieren.
4. Das gewürzte Kokospüree mit den Fleischwürfeln in einen gusseisernen Topf geben. Vermischen und bei schwacher Hitze zum Kochen bringen. Den Topf schließen und 1 1/2 Stunden simmern lassen. Dabei von Zeit zu Zeit umrühren.
5. Sobald das Fleisch gar ist, den Koriander und den Limettensaft zugeben. 2 Minuten lang vermischen und sofort servieren.

Reichen Sie dazu Reis, verschiedene Chutneys und frisches Obst: Bananenscheiben, Mangowürfel oder Ananas.

Muschelsalat mit Zitronengras

Für 4 Personen
Vorbereitung: 20 Minuten. Garzeit: 4 Minuten
Marinierzeit: mindestens 30 Minuten

1 KG MIESMUSCHELN

3 STENGEL ZITRONENGRAS, 1 UNBEHANDELTE LIMETTE

24 BLÄTTCHEN FRISCHER KORIANDER, 1 CHILISCHOTE

4 FRISCHE KLEINE ZWIEBELN ODER 2 FRISCHE SCHALOTTEN

1 KNOBLAUCHZEHE

100 G SALAT: KOPFSALAT, RAUKE, ESKARIOL, AUCH GEMISCHT

2 ESSLÖFFEL ERDNUSSÖL

1. Die Muscheln bürsten, die Bärte entfernen, abspülen und abtropfen lassen. Bei großer Hitze in einem Topf garen, bis sie sich öffnen, dabei von Zeit zu Zeit umrühren.
2. Die Muscheln abtropfen lassen, die Schalen entfernen, einige aber mit Schale zur Seite stellen. Die Muscheln in eine Schüssel geben. Den Sud in einen Topf abseihen und um 2/3 einkochen lassen; dann abkühlen lassen.
3. Die harten Blätter der Zitronengrasstengel entfernen und die zarten Knollen schräg in feine Scheiben schneiden.
4. Die Limette waschen und über einer Schüssel die Schale abreiben. Dann 4 Esslöffel Muschelsud, den durch die Knoblauchpresse gedrückten Knoblauch, die in Ringe geschnittene Chilischote und das Öl zugeben. Kräftig schlagen und über die Muscheln geben. Vermischen und 1/2 Stunde oder länger im Kühlschrank marinieren.
5. Unmittelbar vor dem Servieren die Muscheln auf einer Platte anrichten. Die Zwiebeln oder Schalotten in feine Scheiben schneiden und über die Muscheln streuen. Die Salatblätter und die Muscheln mit der Schale rundherum verteilen und alles mit Korianderblättchen bestreuen.

Sie können den Koriander auch durch fein geschnittene Minzeblättchen ersetzen.

GEWÜRZNELKE

Syzygium aromaticum

Die Gewürznelke stammt von den Molukken in Indonesien, die auch als »Gewürzinseln« bekannt sind, und gedeiht nur in tropischem Seeklima. Heute wächst sie in Indonesien, auf Madagaskar, Sri Lanka, auf der Insel Grenada, die zum Archipel der Grenadinen gehört, und in Tansania. Die besten und schönsten Gewürznelken kommen von der Insel Sansibar. Ihr würziges und gleichzeitig erfrischendes Aroma erinnert an den Duft von Nelken, weshalb sie auch diesen Namen tragen. Die Italiener nennen sie *chiodo di garofano,* »Nelkennagel«. Zum Würzen verwenden wir die purpurfarbenen Knospen des Nelkenbaumes. Dieser Baum wird mehr als zehn Meter hoch und beginnt erst nach zwanzig Jahren zu blühen – dann aber fünfzig Jahre lang jedes Jahr. Die beim Pflücken rosafarbenen Blüten werden einige Tage in der Sonne getrocknet. Dabei verlieren sie zwei Drittel ihres Gewichts und werden zunächst rotbraun, später dunkelbraun. Man sollte sie nur verwenden, wenn ihr Stiel noch etwas rötlich ist, die etwas helleren Knospen sich rau anfassen und ein wenig Öl absondern, wenn man sie zerdrückt. Dieses ätherische Öl ist aromatisch und wirkt antiseptisch und schmerzlindernd zugleich: Wenn man das Zahnfleisch mit Nelke einreibt, hat man ein ausgezeichnetes Erste-Hilfe-Mittel gegen Zahnschmerzen zur Hand. Und lutscht man eine Nelke, um seinen Atem zu erfrischen, so wird zugleich der Gaumen leicht betäubt.

Ganze Nelken kann man in verschlossenen Glasbehältern lange aufheben. Gemahlene Nelke wird meist für Kuchen, Marinaden und Gewürzmischungen verwendet.

Eingelegte Zitronen mit Nelken

Für 1 Glas von 1,5 l Inhalt
Vorbereitung: 30 Minuten. Einlegezeit: 3 Wochen

10 UNBEHANDELTE ZITRONEN, JE 75 BIS 80 G SCHWER
30 GEWÜRZNELKEN, 1 CHILISCHOTE
1 STANGE ZIMT, 6 CM LANG
1 ESSLÖFFEL SCHWARZE PFEFFERKÖRNER
10 TEELÖFFEL FEINES MEERSALZ
3 ESSLÖFFEL GROBES MEERSALZ

1. Die Zitronen waschen und kreuzweise in Längsrichtung einschneiden. Am unteren Ende sollten sie aber noch zusammenhängen.
2. Jede Zitrone mit feinem Salz einreiben. Die Früchte eng nebeneinander in das Glas schichten. Dabei abwechselnd Gewürze und grobes Salz mit dazugeben. Das Glas mit Wasser auffüllen.
3. Das Glas gut verschließen, und die Zitronen 3 Wochen an einem kühlen, dunklen Ort durchziehen lassen.

Von den eingelegten Zitronen wird nur die Schale verwendet. Sobald das Glas angebrochen ist, muss es im Kühlschrank aufbewahrt werden.
Eingelegte Zitronen passen zu zahlreichen Gerichten. Man kann sie auch als Beilage zu Fleisch oder kaltem Fisch reichen.

Rumpsteak mit sieben Nelken

Für 4 Personen
Vorbereitung: 15 Minuten. Garzeit: 5 Stunden

1 KG RUMPSTEAK, ZU EINEM BRATEN ZUSAMMENGESCHNÜRT
1 KG GROSSE ZWIEBELN, 300 G SPAGHETTI
50 G FRISCH GERIEBENER PARMESAN
7 GEWÜRZNELKEN, SALZ, PFEFFER

1. Den Backofen auf 125 °C vorheizen. Die Zwiebeln schälen und in 1 cm dicke Scheiben schneiden. Das Fleisch salzen und pfeffern und mit den Nelken spicken.
2. Den Boden eines großen Topfes dick mit Zwiebeln bestreuen. Das Rumpsteak auf das Zwiebelbett legen und salzen. Zugedeckt in den Backofen stellen und 5 Stunden garen; das Fleisch in der Zwischenzeit zwei- oder dreimal wenden.
3. Anschließend den Topf aus dem Ofen nehmen. Das Rumpsteak mit der Hälfte der Zwiebeln auf einer Platte anrichten. Mit Alufolie zudecken und im ausgeschalteten Backofen warm stellen.
4. Die restlichen Zwiebeln mit dem Bratensaft ganz kurz pürieren. Die so entstandene Sauce in einen beschichteten Schmortopf gießen.
5. Die Spaghetti in Salzwasser al dente kochen, dann abtropfen lassen und zu der Zwiebelsauce geben, 1 Minute bei schwacher Hitze vermischen und in eine vorgewärmte Schüssel geben.
6. Das Fleisch mit den Zwiebeln servieren und die Spaghetti als Beilage dazu reichen. Beim Essen geriebenen Parmesan und frisch gemahlenen Pfeffer über die Nudeln geben. Das Fleisch ist nach der langen Garzeit so weich, dass es mit dem Löffel zerteilt werden kann und im Mund zergeht.

KORIANDER

Coriandrum sativum

Koriander wächst im Nahen Osten als Unkraut auf Getreidefeldern. Er zählt zu den am weitesten verbreiteten Küchenkräutern der Welt. Die »Arabische Petersilie« Nordafrikas oder »Chinesische Petersilie« Ostasiens ist eine der Pflanzen, die Köche wie Ärzte seit Urzeiten verwenden. Der Name stammt von dem griechischen Wort *koriandron,* in dem das Wort für Wanze steckt. Wegen seines Geruches wird er manchmal auch Wanzenkraut oder Wanzendill genannt. Seine Blätter schmecken kräftig und durchdringend. Korianderblätter ähneln glatter Petersilie, die Spitzen eher Fenchel. Roh wie gekocht schmecken die Blättchen ausgezeichnet. Korianderduft zieht durch alle Küchen am Mittelmeer, in Indien und im Orient. Auch aus der Küche Mittel- und Südamerikas ist Koriander nicht wegzudenken, seitdem die Konquistadoren die Samen mit nach Mexiko nahmen. Die Wurzel des Korianders ist im Geschmack noch intensiver als die Blätter und wird in Asien für die Zubereitung von Currys verwendet.

Sehr fein schmecken die frisch geernteten Samen. Getrocknet, ganz oder gemahlen, kommen sie in den Handel. Im Geschmack erinnern sie an Salbei und Orangenschalen. Sie gehören in zahlreiche Gewürzmischungen wie Curry und Ras el hanout. Die ganzen Körner finden in manchen Gemüsegerichten, aber auch in Gin Verwendung. In Nordeuropa nimmt man nur die Samen: für Konserven, Brot und Kuchen.

Man sollte marokkanischen und indischen Koriander unterscheiden: Die marokkanischen Samen sind klein und dunkel und schmecken etwas scharf, die indischen hingegen sind beigefarben, größer, fast oval und schmecken fruchtig mild.

Marinierte Gemüse

auf griechische Art

Für 4 bis 6 Personen
Vorbereitung: 20 Minuten
Garzeit: 15 Minuten

24 KLEINE, JUNGE ZWIEBELN
12 JUNGE KAROTTEN
12 JUNGE RÜBCHEN
12 RÖSCHEN BLUMENKOHL ODER 6 MINI-BLUMENKOHLKÖPFE
1 ROTE PAPRIKASCHOTE, 1 UNBEHANDELTE ZITRONE
2 ESSLÖFFEL KORIANDERSAMEN
24 BLÄTTCHEN KORIANDER, 200 ML TROCKENER WEISSWEIN
5 ESSLÖFFEL OLIVENÖL
SALZ, PFEFFER

1. Die Gemüse schälen, waschen und abtropfen lassen. Die Paprikaschote in breite Streifen schneiden, Kerne und Innenrippen dabei entfernen. Die Zitrone waschen, halbieren und in feine Scheiben schneiden.
2. Den Wein, das Öl, die Koriandersamen mit Salz und Pfeffer in einen beschichteten Schmortopf geben. Die halbierten Zitronenscheiben zugeben und zum Kochen bringen. Dann die Karotten und die Zwiebeln hinzufügen. Nach 5 Minuten Kochzeit die übrigen Gemüse zugeben. Alles 10 Minuten bei schwacher Hitze simmern lassen.
3. Anschließend den Topf vom Feuer nehmen und das Gemüse abkühlen lassen. Die Korianderblättchen untermischen und die Gemüsemischung im Kühlschrank kalt stellen.

Reichen Sie dieses Gericht allein als Vorspeise oder zusammen mit verschiedenen anderen Gemüsen. Man kann es aber auch zu kaltem Fleisch, Geflügel oder Fisch essen.

Reis mit Koriander

Für 4 Personen
Vorbereitung: 15 Minuten
Garzeit: 25 Minuten

320 G LANGKORNREIS
2 GROSSE BUND KORIANDER
1 ZWIEBEL VON 100 G
1 KLEINE KNOBLAUCHZEHE
2 ESSLÖFFEL OLIVENÖL
25 G BUTTER
SALZ

1. Die Zwiebel und die Knoblauchzehe schälen und fein hacken. Den Koriander waschen und die Blätter fein zerkleinern.
2. Das Öl in einem gusseisernen Topf erhitzen. Die Butter hineingeben und, sobald sie geschmolzen ist, die Zwiebel hinzufügen und 3 Minuten lang bei schwacher Hitze andünsten. Knoblauch und Koriander zugeben und 2 Minuten mitdünsten. Unter Rühren den Reis hineinrieseln lassen und erst 2 Minuten anrösten. Anschließend 800 ml heißes Wasser über den Reis gießen. Immer weiter rühren, dann salzen.
3. Den Topf schließen und den Reis 20 Minuten bei ganz schwacher Hitze quellen lassen, bis kein Wasser mehr im Topf ist und die Reiskörner sich voneinander lösen. Vom Feuer nehmen und zu Fleisch, Fisch oder Krustentieren reichen.

Man kann vor dem Servieren auch etwas Limettensaft über den Reis geben.

CURRY

Was wir Curry nennen, bezeichnen die Inder als *masala,* als »Mischung«. Tatsächlich ist Curry auch nichts anderes als eine würzige Mischung, und deren Zusammensetzung ist von Koch zu Koch verschieden. Der sollte ein guter *masalachi,* ein guter »Mischer« sein. Die Zutaten – Samen, Schoten, Stengel, Blätter und Wurzeln verschiedener Pflanzen – werden zu feinem Pulver gemahlen oder in einem Mörser oder auf einem flachen Stein zu einer dicken gelben, grünen oder roten Paste zerrieben. Kein Koch wird sein Rezept enthüllen, doch hinein gehören immer Kardamom, Muskatblüte, Muskatnuss, Piment, Sternanis, Zimt, Koriander, Gewürznelken, Kreuzkümmel, schwarzer Pfeffer, Senfkörner, Chilischoten, Kurkuma, Bockshornklee, Ingwer, Mohn, Asafötida, Safran, Curryblätter, Mandeln und Kokosmilch. Damit die Gewürze ihr Aroma richtig entfalten, röstet man sie zunächst im Ganzen an und zerstößt sie anschließend im Mörser: Die Mischung wird am besten ganz frisch, also noch am selben Tag verwendet. Sie sollte spätestens acht Tage nach der Zubereitung verbraucht sein.

Für das Curry der Region Tamil Nadu in Südindien ist die Verwendung aromatischer Curryblätter typisch. Sie schmecken leicht bitter und haben ein zartes Zitronenaroma. Der Name wurde von dort ausgehend für alle indischen Gerichte in würzigen Saucen übernommen.

Es gibt jedoch noch andere Arten von *masala,* etwa das *garam masala,* das mehr oder weniger scharf und blumig schmecken kann. Es ist typisch für die Küche Nordindiens. Es wird erst am Ende der Kochzeit zugegeben, um einem Gericht eine besondere Note zu verleihen. Außerdem gibt es das *chat masala,* eine helle Mischung, die frisch und säuerlich schmeckt. Diese reicht man zu Gemüsesalaten und frischem Obst.

Curry gibt es nicht nur in Indien, woher das berühmteste, das Madrascurry mit seinem runden, scharfen Aroma stammt. Curry findet man in der asiatischen Küche überall, natürlich auch in Sri Lanka, dem Nachbarn Indiens. Hier fällt die Mischung dunkler und ihr Aroma wuchtiger aus, und alle Zutaten werden immer erst trocken in der Pfanne angeröstet, bevor man sie im Mörser zerreibt. In Thailand sind Chilischoten und *trassi,* eine dicke Paste aus fermentierten Krabben, wesentlicher Bestandteil der Currymischung. Auch in Malaysia, Vietnam, China und Japan verwendet man eine Art Curry, und auf den Antillen am anderen Ende der Welt ist Curry ebenfalls äußerst beliebt. Als die Singhalesen im 19. Jahrhundert nämlich als Arbeiter dort hinkamen, brachten sie ihre Essgewohnheiten mit. Schon bald wurden diese von den Antillesen übernommen. Sie nannten die Mischung Colombo, nach der Hauptstadt Ceylons, und würzten Fisch, Fleisch und Geflügel damit.

Schnelles Lammcurry

Für 3 bis 4 Personen
Vorbereitung: 15 Minuten
Garzeit: 30 Minuten

400 G LAMMFLEISCH OHNE FETT UND KNOCHEN:
KEULE ODER RÜCKEN
200 G ZWIEBELN, 1 KNOBLAUCHZEHE
2 ESSLÖFFEL CURRYPULVER
150 ML TOMATENPÜREE
100 ML KOKOSMILCH
1 ESSLÖFFEL ERDNUSSÖL
SALZ

1. Das Fleisch in 3 mm dicke Scheibchen von 1 × 2 cm schneiden. Die Knoblauchzehe schälen und fein hacken. Die Zwiebeln schälen und in 1/2 cm dicke Ringe schneiden.
2. Das Öl in einer beschichteten Pfanne erhitzen und die Zwiebeln unter Rühren 1 Minute bei mäßiger Hitze darin andünsten, dann den Knoblauch zugeben und vermischen. Die Fleischstreifen zugeben und 1 Minute unter Rühren anbraten. Das Currypulver darüber streuen und alles mit Salz abschmecken. Die Mischung 1/2 Minute lang rühren, dann das Tomatenpüree und die Kokosmilch zugeben und gut unterrühren.
3. Die Pfanne mit einem Deckel schließen und die Mischung 25 Minuten garen, dabei von Zeit zu Zeit umrühren.
4. Am Ende der Garzeit sollte das Fleisch sehr weich und von einer dicken, aromatischen Sauce überzogen sein. Das Curry in eine Schüssel geben und servieren.

Reichen Sie zu diesem Curry Reis, frisches Obst wie Bananenscheiben, Mangowürfel, Ananas oder Grapefruitspalten – oder verschiedene Chutneys.

Gedämpfte Jakobsmuscheln in Currysauce

Für 4 Personen
Vorbereitung: 20 Minuten
Garzeit: 5 Minuten

2 kg lebende Jakobsmuscheln
1 unbehandelte Limette
1 Apfel: Reinette oder Granny Smith
2 Schalotten
2 Esslöffel Currypulver
2 Messerspitzen gemahlener Sternanis
100 ml Vollmilchjogurt
100 ml Kokosmilch oder Sahne
6 Stengel Koriander, fein geschnitten
20 g gesalzene Butter

1. Die Muscheln aus der Schale lösen und nur die Nüsschen aufheben. Diese gut waschen und abtropfen lassen. Von den tiefen Muschelschalen 16 Stück zur Seite legen. Die Schalotten schälen und fein hacken.
2. Die Limette waschen und die Schale abreiben. Den Apfel waschen und in 1/2 cm große Würfel schneiden; das Kerngehäuse dabei entfernen. Die Apfelwürfel mit der geriebenen Limettenschale in eine Schüssel geben.
3. Die Butter in einer beschichteten Pfanne bei großer Hitze schmelzen lassen. Die Muschelnüsschen hineingeben und in 1 1/2 Minuten unter Rühren goldbraun braten.
4. Die Muscheln mit einem Schaumlöffel aus der Pfanne heben und in eine Schüssel geben. Die Schalotten in die Pfanne geben und 2 Minuten unter Rühren andünsten. Currypulver und Sternanis hinzufügen und 1 Minute mitdünsten. Den Jogurt und die Kokosmilch oder Sahne angießen. Bei großer Hitze etwa 1 Minute einkochen lassen, damit die Sauce dickflüssig wird.
5. Die Muscheln in die Pfanne zurückgeben, die Apfelwürfel mit der Limettenschale hinzufügen. Vermischen und den fein geschnittenen Koriander unterziehen und gleich vom Herd nehmen.
6. Die Muscheln mit der Sauce auf die Muschelschalen verteilen und sofort servieren.

BLÜTENWASSER

Ein Blütenwasser ist nichts anderes als ein einfaches Destillat. Bereits seit dem Mittelalter sind diese Destillate in der französischen Küche beliebt – besonders das Rosen- und das Orangenblütenwasser. Im 18. Jahrhundert kam dann aus England das Holunderblütenwasser hinzu. Diese Art von Aromen, aus der europäischen Küche heute weitgehend verdrängt, werden im Orient immer noch gern verwendet. Die Iraner haben ihre Vorliebe für Rosenwasser, mit dem sie Desserts ebenso wie herzhafte Gerichte, Reis etwa, aromatisieren, bereits von den Persern übernommen, die es schon zu vorchristlicher Zeit bis nach China exportiert hatten. Die Türken geben es an ihre *lukums* und ihren mit Honig gesüßten Kaffee; orientalische Kuchen werden mit Rosenwassersirup getränkt. Die Inder aromatisieren damit ihre Jogurtgetränke, wie den berühmten *lassi,* oder Limonaden und Tees, und nach Rosen duftender Sirup wird zum Dessert gereicht. Auch das indische Dessert *kulfi,* eine zu Creme eingekochte Milch, gewürzt mit Safran oder Kardamom und dann mit Pistazien und Mandeln serviert, wird mit Rosenwasser verfeinert.

Der frische Duft von Orangenblütenwasser passt ausgezeichnet zu Obst und ist typisch für Desserts aus der Provence: Man aromatisiert damit zum Beispiel die berühmten *navettes,* die »Schiffchen«, die man in Marseille zu Lichtmess serviert und die heute am »Four des navettes«, dem ältesten Backofen der Region gegenüber der ehemaligen Abtei Saint-Victor, das ganze Jahr über verkauft werden. Orangenblütenwasser gehört in den *gibassier,* einen gezuckerten Hefeteigfladen, der zu Weihnachten gebacken wird, oder in den Dreikönigskuchen, der südlich der Loire zubereitet wird: ein Kranz aus Briocheteig mit kandierten Früchten.

Auch aus Hibiskusblüten lässt sich ein ausgezeichnetes Wasser destillieren: Es ergibt ein attraktiv rosafarbenes Getränk, frisch und leicht säuerlich, *karkadeh,* fast als ägyptisches Nationalgetränk zu bezeichnen. Man lässt die getrockneten Blüten einfach in Wasser ziehen und gibt ein paar Tropfen Zitronensaft und Zucker zu. Hibiskuswasser ist kristallklar und sehr durstlöschend. Auch die Mexikaner schätzen es – unter dem Namen *jamaica.* Geranienwasser wird aus der Duftpelargonie gewonnen. Diese kann sehr unterschiedlich duften: nach Zitrone oder Minze, nach Rosen oder Weihrauch. Dabei riechen die Blüten selbst überhaupt nicht. Das grüne, blumige Aroma sitzt in den Blättern und entfaltet sich erst, wenn man diese zwischen den Fingern zerreibt. Aus ihnen wird eine wertvolle Essenz gewonnen, mit der man Cremes, Eis, Sorbets und andere Desserts aromatisieren kann.

Kirschen in Hibiskusgelee

mit frischen Mandeln

Für 4 Personen
Vorbereitung und Garzeit: 30 Minuten
Marinier- und Kühlzeit: 7 bis 11 Stunden

600 G GROSSE, FLEISCHIGE KIRSCHEN
2 ESSLÖFFEL GETROCKNETE HIBISKUSBLÜTEN
125 G ZUCKER
3 BLATT GELATINE
24 FRISCHE MANDELN
6 TROPFEN NATÜRLICHER BITTERMANDELEXTRAKT

1. Die Hibiskusblüten kurz waschen und in eine Schüssel geben. Mit 1/4 Liter kaltem Wasser bedecken und 6 bis 8 Stunden ziehen lassen.
2. Anschließend die Gelatineblätter in kaltem Wasser einweichen. Die Kirschen waschen, abtropfen lassen und mehrmals rundherum mit einer Nadel einstechen, damit ihre Haut beim Kochen nicht aufplatzt.
3. Das Hibiskuswasser über einem großen Topf abseihen. Den Zucker zugeben und zum Kochen bringen.
4. Sobald die Flüssigkeit kocht, die Kirschen zugeben und 2 Minuten kochen. Dabei mit einem Schaumlöffel rühren. Den Topf vom Herd ziehen und die abgetropften Gelatineblätter im heißen Sirup auflösen.
5. Die Kirschen mit dem Saft in eine Schüssel füllen, den Bittermandelextrakt zugeben und alles abkühlen lassen. In den Kühlschrank stellen und in 1 bis 3 Stunden gelieren lassen.
6. Vor dem Servieren die Mandeln knacken, schälen und halbieren. Das Kirschgelee auf vier Teller verteilen und mit den Mandeln garnieren.

Brioches mit Orangenblütenwasser

Für 12 kleine Brioches
Vorbereitung: 30 Minuten
Ruhezeit: 1 Stunde 40 Minuten
Backzeit: 15 Minuten

400 G MEHL, TYPE 405
1 PÄCKCHEN TROCKENHEFE (8 G)
100 G ZUCKER
1/2 TEELÖFFEL FEINES MEERSALZ
2 EIER
100 G FLÜSSIGE, ABGEKÜHLTE BUTTER
4 ESSLÖFFEL LAUWARME MILCH
4 ESSLÖFFEL ORANGENBLÜTENWASSER

1. In einem Glas (200 ml Fassungsvermögen) 1 Esslöffel Zucker mit 4 Esslöffeln lauwarmem Wasser verrühren, bis sich der Zucker aufgelöst hat. Die Hefe hineinrieseln lassen, umrühren und an einem warmen Ort etwa 10 Minuten gehen lassen. Die Hefemischung muss bis an den Rand des Glases reichen.
2. Das Mehl auf die Arbeitsfläche sieben. Den restlichen Zucker und das Salz zugeben und vermischen. In die Mitte eine Vertiefung drücken und die Eier und die geschmolzene Butter hineingeben. Die Hefemischung mit einem Teelöffel umrühren und mit der lauwarmen Milch und der Hälfte des Orangenblütenwassers in die Vertiefung gießen.
3. Alle Zutaten von der Mitte ausgehend mit den Fingerspitzen zu einem Teig verarbeiten. Den Teig zu einer Kugel rollen, dann weit nach hinten auseinander drücken, nach vorn zusammenklappen und gegen den Uhrzeigersinn um ein Viertel drehen. Diesen Vorgang 5 bis 6 Minuten lang wiederholen, bis der Teig glatt und geschmeidig ist.
4. Den Teig in eine große, leicht mit Mehl bestäubte Schüssel legen und mit einem Tuch abdecken. An einem warmen Ort ohne Luftzug etwa 1 1/2 Stunden gehen lassen, bis sich das Volumen des Teigs etwa verdoppelt hat.
5. Anschließend das Tuch abnehmen und mit den Fingerspitzen den Teig leicht klopfen, sodass er wieder zusammenfällt. Noch einmal 2 bis 3 Minuten durcharbeiten wie beim ersten Mal. Den Teig in 12 gleich große Stücke teilen. Die Teigportionen zwischen den Händen rollen, die Kugeln mit der faltigen Seite nach unten im Abstand von 5 cm auf ein beschichtetes Backblech legen oder in Briocheförmchen geben. Den Teig eventuell mit einer Messerspitze schräg oder kreuzweise einritzen. Ein Tuch über das Backblech legen und die Brioches an einem warmen Ort noch einmal 10 Minuten gehen lassen.
6. Den Backofen auf 200 °C vorheizen. Sobald er die Temperatur erreicht hat, das Tuch entfernen und das Backblech mit den Brioches – sie sind jetzt kugelrund und gut aufgegangen – in den Ofen schieben. Nach 15 Minuten aus dem Ofen nehmen. Die Brioches mit dem restlichen Orangenblütenwasser besprenkeln und auf einem Rost abkühlen lassen.

SCHALOTTE

Allium cepa ascalonicum

Die Schalotte ist eine Verwandte von Knoblauch und Zwiebel und gehört wie jene auch zu den wesentlichen Zutaten in unserer Küche: Als Ganzes würzt sie Fonds oder Brühen, gehackt wird sie beispielsweise in einer Vinaigrette oder zum Aromatisieren von Öl und Essig verwendet, und eingelegt serviert man sie zu Fleischgerichten.

In Frankreich, Hauptproduzent und wichtigstes Exportland weltweit, werden vor allem zwei Arten angebaut: die graue und die rosa Schalotte. Die graue Schalotte hat weißes Fruchtfleisch mit einem Stich ins Violette und ist sehr fein im Geschmack. Sie bildet kleine, längliche Knollen aus, die von einer gräulichen Schale umhüllt sind. Bei der rosa Schalotte unterscheidet man drei Formen: die lange Schalotte mit kupferrot oder violett gefärbten Knollen hat einen ausgeprägten Geschmack, die halblange Schalotte hat eine kupferrosafarbene oder rote Schale und schmeckt sehr fruchtig, und die runde kupferfarbene Schalotte ist eher mild.

Die Schalotte von der Zwiebel zu unterscheiden ist ganz einfach. Die Schalotte vermehrt sich vegetativ von einer Brutzwiebel aus, während die Zwiebel aus Samen gezogen wird. Das heißt, die Zwiebel wächst einzeln, während Schalotten in Bündeln von etwa zehn Knollen wachsen, die aneinander kleben und deshalb unregelmäßig geformt sind, also »Narben« tragen an der Stelle, wo man sie voneinander löst. Halbiert man eine Zwiebel, sieht die Schnittfläche symmetrisch aus, während diejenige der Schalotte unregelmäßig geformt ist. Zahlreiche Brutzwiebeln werden sichtbar, aus denen neue Schalotten wachsen könnten.

Mit Frühlingsbeginn werden auf unseren Märkten bundweise frische Schalotten mit zartgrünen Blättern angeboten: Diese haben einen wundervoll zarten Geschmack, mit nur wenig Schärfe. Man kann sie ganz, mit ihren grünen Blättern, essen, einfach mit grobem Meersalz, Butter und Brot, aber auch gehackt in Salaten. Je weiter das Jahr fortschreitet, desto größer werden die angebotenen Schalotten. Sie werden auch milder und eignen sich dann sehr gut als würzige Beilage, in Öl oder Gänseschmalz eingemacht, zu Fleisch oder Fisch. Man kann die ganzen Schalotten im Ofen backen oder in Rotwein schmoren. Die durch einfache Luftzufuhr getrockneten und dann lagerfähigen Winterschalotten halten sich bis zum folgenden Jahr.

Schalotten in Cassis

Für 4 Personen
Vorbereitung: 5 Minuten. Garzeit: 1 Stunde

16 GROSSE ROSA SCHALOTTEN
200 ML ROTWEIN: SYRAH ODER CABERNET SAUVIGNON
1 ESSLÖFFEL GEREIFTER ROTWEINESSIG
2 ESSLÖFFEL CRÈME DE CASSIS ODER SIRUP VON SCHWARZEN JOHANNISBEEREN
1 ESSLÖFFEL ZUCKER
4 PRISEN GEMAHLENER ZIMT
2 PRISEN GEMAHLENE GEWÜRZNELKE
2 ESSLÖFFEL ERDNUSSÖL
SALZ, PFEFFER

1. Die Schalotten schälen, aber ganz lassen.
2. In einem gusseisernen Topf, in den die Schalotten nebeneinander passen, das Öl erhitzen. Die Schalotten hineingeben und 2 Minuten bei schwacher Hitze unter Rühren hellgelb andünsten. Den Zucker zugeben und weitere 2 Minuten unter Rühren karamellisieren lassen. Den Weinessig zugeben und verdampfen lassen.
3. Dann Crème de Cassis oder Sirup und den Wein zugeben. Mit Salz, Pfeffer, Zimt und Nelke würzen. Zugedeckt bei sehr schwacher Hitze eine Stunde köcheln lassen. Dabei von Zeit zu Zeit umrühren.
4. Nach dieser Zeit sollte alle Flüssigkeit verdampft sein. Die Schalotten sind nun von der Flüssigkeit durchzogen und schmecken sehr würzig.

Reichen Sie die Schalotten heiß, lauwarm oder kalt zu Geflügel oder gegrilltem, gebratenem oder geschmortem Fleisch, zu gegrilltem Fisch wie Thunfischfilets, Makrelen oder Sardinen, zu Fleischterrinen oder kaltem Braten.

Kalbshachse mit rosa Schalotten

Für 3 Personen
Vorbereitung: 1 Stunde
Garzeit: 3 Stunden

1 KALBSHACHSE VON 1,5 KG MIT KNOCHEN,
ZUSÄTZLICH EIN HESSENKNOCHEN
12 GROSSE, JUNGE ROSA SCHALOTTEN
200 ML VIN JAUNE DE SAVOIE ODER SHERRY FINO
2 ESSLÖFFEL GROBES MEERSALZ
1 ESSLÖFFEL GROB ZERSTOSSENER PFEFFER
5 GEWÜRZNELKEN
1 ESSLÖFFEL ERDNUSSÖL

1. Die Kalbshachse und den Knochen abspülen und in dem groben Salz wälzen. Eine Stunde bei Zimmertemperatur ruhen lassen.
2. In der Zwischenzeit die Schalotten schälen und die Stengel am Knollenansatz entfernen. Waschen und trockenreiben.
3. Nach 1 Stunde die Hachse und den Knochen abspülen und trockentupfen, mit dem Öl bestreichen und in einen ovalen gusseisernen Topf geben. Den Pfeffer und die Nelken darüber streuen. Die Schalotten rundherum arrangieren und den Wein angießen. Den Hessenknochen zu dem Fleisch legen, damit der Bratfond kräftig und würzig wird. Den Topf schließen.
4. Den Thermostat des Backofens auf 125 °C einstellen und den Topf hineinsetzen. Das Fleisch 3 Stunden garen, ohne den Topf zu öffnen.
5. Ist die Hachse gar, so ist sie ebenso wie die Schalotten goldbraun und butterweich. Heiß servieren.

Man kann die rosa Schalotten auch durch 750 g weiße Zwiebeln der Sorte Saint-André ersetzen, die man in 1 cm dicke Scheiben schneidet.

ESSENZEN

von Früchten und Pflanzen

Aus Früchten, Pflanzen und Rinden lassen sich Essenzen gewinnen, natürliche Extrakte und ätherische Öle mit sehr konzentriertem Aroma. Neben den bekannten Essenzen aus Bittermandeln und Vanille gibt es ganz einfache wie die aus Birnen oder Erdbeeren, aber auch so exotische wie die aus Ananas oder Bananen. Geschmacklich am meisten überraschen uns jedoch wahrscheinlich solche aus Blüten wie die des Ylang-Ylang-Baumes oder aus Pflanzen wie dem Schraubenbaum.

Aus den Blüten des Ylang-Ylang-Baumes, der von den Philippinen stammt, gewinnt man ein wuchtiges, bitter schmeckendes Öl, das für Getränke und Desserts verwendet wird. Das Gleiche gilt für Sassafrasessenz, die aus Rinden, Wurzeln und Blättern des Baumes gewonnen wird. Die großen, flachen Blätter des Schraubenbaumes, *Pandanus amaryllifolius,* werden in Malaysia und Indonesien zum Färben, aber auch zum Aromatisieren verwendet: Frisch oder getrocknet gibt man sie mit in den Kochtopf. Aus den Blütenknospen des *Pandanus odorantissimus* gewinnt man *kewra,* das in Indien und auf Sri Lanka häufig für Desserts und für Reisgerichte verwendet wird.

Gelee aus Sommerfrüchten

mit Mandelmilch

Für 4 bis 6 Personen
Vorbereitung und Garzeit:
20 Minuten, 8 bis 24 Stunden im Voraus

200 G HIMBEEREN, 200 G WALDERDBEEREN

200 G GELB- ODER WEISSFLEISCHIGE PFIRSICHE

3 ESSLÖFFEL CRÈME DE CASSIS, HIMBEER- ODER WALDERDBEERLIKÖR

2 ESSLÖFFEL ZITRONENSAFT

8 BLATT GELATINE, 80 G ZUCKER

Für die Mandelmilch:

350 ML MILCH

50 ML SAHNE

1 BIS 2 ESSLÖFFEL NATÜRLICHER BITTERMANDELEXTRAKT

1 1/2 ESSLÖFFEL PFEILWURZMEHL

1. Die Gelatine 5 Minuten in kaltem Wasser einweichen. In einen Topf 100 ml Wasser mit Zucker, Zitronensaft und Crème de Cassis mischen. Die Himbeeren hinzufügen und zum Kochen bringen. Die Früchte dabei mit einem Holzlöffel zerdrücken. Vom Feuer nehmen und die abgetropfte Blattgelatine in der Flüssigkeit auflösen. Abkühlen lassen.
2. Die Pfirsiche häuten und würfeln. Mit den Walderdbeeren in den Topf geben und vorsichtig umrühren. In eine Form füllen, zudecken und 8 bis 24 Stunden im Kühlschrank gelieren lassen.
3. Für die Mandelmilch alle Zutaten in einem Topf mischen. Zum Kochen bringen und 3 Minuten unter Schlagen kochen lassen. Abkühlen lassen und in den Kühlschrank stellen.
4. Unmittelbar vor dem Servieren die Form 20 Sekunden in heißes Wasser tauchen und das Fruchtgelee auf eine Platte stürzen. In Scheiben schneiden und mit der Mandelmilch servieren.

Karamellisierte Aprikosen

mit Honig und Lindenblüten

Für 4 Personen
Vorbereitung: 15 Minuten
Garzeit: 5 Minuten

16 reife, aber feste Aprikosen
60 g Lindenblütenhonig
6 Tropfen Lindenblütenessenz
2 Prisen Zimt oder Vanille, gemahlen
2 Teelöffel Zitronensaft

1. Die Aprikosen waschen, trockenreiben und halbieren. Die Kerne entfernen.
2. Den Honig mit dem Zimt oder der Vanille in eine beschichtete Pfanne geben. Die Aprikosen hinzufügen und unter Rühren 3 Minuten bei großer Hitze leicht karamellisieren lassen.
3. Den Zitronensaft und die Lindenblütenessenz zugeben und vermischen. Heiß servieren.

Die Aprikosen passen hervorragend zu Jogurteis, zu Calissons, einem Mandelkonfekt mit Zimt oder türkischem Honig, das aus Aix-en-Provence stammt, jedoch auch zu roten und schwarzen Früchten wie Himbeeren, Walderdbeeren, Heidelbeeren oder Schwarzen Johannisbeeren.

FINES HERBES

Im Sommer wachsen überall Küchenkräuter, auf Feldern, in Gärten oder auf Balkonen. Fines herbes, »feine Kräuter« nennt man sie in der Küchensprache: Petersilie, Schnittlauch, Minze, Kerbel, Estragon und viele andere. Man kann sie leicht untereinander mischen, aber auch mit anderen Kräutern kombinieren: Zu Minze passt beispielsweise Koriander, zu Estragon passen Dill und Kerbel, da alle drei etwas anisartig schmecken, Basilikum ergänzt man mit Oregano, die Liste ließe sich endlos fortsetzen.

Die Petersilie ist bei uns unbestreitbar das berühmteste Küchenkraut. Krause Petersilie ist ganz jung und frisch am besten. Man gibt sie gehackt über Fleisch oder Fisch, die so eine frische Note erhalten. Man frittiert sie, und aus ihr wird ein knuspriges Gemüse. Glatte Petersilie ist intensiver im Geschmack, man kann sie auch mitkochen. Ganz wunderbar schmecken jedoch die abgezupften Blättchen zum Salat.

Schnittlauch gehört zur selben Familie wie die Zwiebel. Er schmeckt auch ähnlich, nur feiner und erfrischender. Man schneidet die Stengel mit der Schere zu mehr oder weniger langen Röllchen. Trägt der Schnittlauch seine hübschen lilafarbenen Blüten, dann garnieren Sie einen Salat damit – auch sie besitzen ein feines Aroma. Estragon und Kerbel haben einen zarten Anisgeschmack und passen besonders gut zu Fisch und Meeresfrüchten, zu hellem Fleisch und Geflügel.

So richtig nach Sommer schmeckt Basilikum. Im berühmten Pesto – der angeblich in Genua erfunden wurde – feiert es gemeinsam mit Knoblauch und Olivenöl Triumphe. Es gibt heute mehr als zwanzig Sorten Basilikum: »Buschbasilikum« oder »Fino verde« mit schmalen Blättchen und einem intensiven, schweren, aber auch leicht scharfem Aroma. Das »Große grüne« Basilikum erinnert mit seinem milden, ursprünglichen Aroma an die Nelke. »Salatblättriges« Basilikum, wegen seiner großen Blätter so genannt, ist zart und leicht zitronenartig im Geschmack. Die neueste Züchtung heißt »Dark Opal«: Die dunklen violetten Blätter und die rosafarbenen Blüten passen sehr gut zu den Farben von Sommergemüsen. Es verströmt ein deutlich exotisches Aroma, weshalb es gut zu Currys passt. Das »Thai-Basilikum« hat lange, spitz geformte Blätter und schmeckt leicht scharf und pfeffrig; es passt wunderbar zu Garnelen- und Rindfleischsalat.

Minze hat einen besonders frischen Geschmack. Unter den zahllosen Sorten schmecken grüne Minze und Pfefferminze am feinsten, im Essen, respektive als Tee. Zum Glück für die Parfümeure gibt es zahlreiche Hybriden mit Zitronen-, Ingwer-, Bergamotte-, Apfel- oder Ananasaroma. In Marokko, Indien, Mexiko und China wird Minze in vielen Gerichten gemeinsam mit Koriander verwendet. Ihre Aromen mischen sich zu einem für die Küchen all dieser Länder typischen exotischen Geschmack. In sehr würzigen Gerichten wie Currys und Tajines mit Ingwer, Kreuzkümmel, Knoblauch, Zwiebeln, Chilischoten und Zitronensaft oder -schale entsteht so eine erfrischende Nuance.

Blattsalat mit Kräutern

Für 4 Personen
Zubereitung: 20 Minuten

200 G GEMISCHTER SALAT
1 KOPF ROTER SALAT: RADICCHIO ODER ROTER CHICORÉE
1 BUND SCHNITTLAUCH, 12 STENGEL KERBEL
12 BLÄTTCHEN FRISCHER SALBEI
24 BLÄTTCHEN JUNGER ESTRAGON
24 BLÄTTCHEN BASILIKUM
12 KLEINE BLÄTTCHEN MINZE
12 KLEINE BLÄTTCHEN MELISSE
2 STENGEL FRISCHER MAJORAN
2 STENGEL DILL, 2 STENGEL KORIANDER
1 TEELÖFFEL SHERRYESSIG
1 ESSLÖFFEL GEREIFTER ROTWEINESSIG
4 ESSLÖFFEL FRUCHTIGES OLIVENÖL, SALZ, PFEFFER

1. Den Salat waschen und trockenschleudern. Den roten Salat in feine Streifen schneiden. Von den Kräutern, außer dem Kerbel, alle Blättchen abzupfen, aber ganz lassen. Den Schnittlauch in 3 cm lange Röllchen schneiden.
2. Den Salat mit allen Kräutern in eine Schüssel geben.
3. In einem Schälchen das Öl mit beiden Essigsorten und Pfeffer und Salz verschlagen. Diese Vinaigrette über den Salat geben und sehr gut vermischen. Sofort servieren.

Der Salat eignet sich als Vorspeise oder als Beilage zu gebratenem Fleisch oder Fisch. Man kann den Salat auch mit Mandelblättchen, gerösteten Pinienkernen oder Parmesanblättchen abwandeln. Geraspelte Trüffeln passen ebenfalls sehr gut.

Gefüllte Sardinen

mit Korinthen und Pinienkernen

Für 4 Personen
Vorbereitung: 45 Minuten
Garzeit: 25 Minuten

12 FRISCHE, GROSSE SARDINEN
1 KLEINE ZWIEBEL
30 G PINIENKERNE
80 G FEIN GERIEBENES WEISSBROT
4 ESSLÖFFEL ORANGENSAFT
1 ESSLÖFFEL WEISSWEINESSIG
30 G KORINTHEN
6 STENGEL MINZE
1/2 TEELÖFFEL PAPRIKA EDELSÜSS
3 PRISEN ZUCKER
3 ESSLÖFFEL OLIVENÖL
SALZ, PFEFFER

1. Die Sardinen am besten vom Fischhändler entschuppen und ausnehmen lassen. Kopf und Mittelgräte sollen so entfernt werden, dass sich die beiden Filets nicht voneinander trennen. Den Fisch waschen und trockentupfen. Von allen Seiten mit Salz und Pfeffer würzen.
2. Für die Füllung die Zwiebel schälen und fein hacken. Das Brot im Mixer fein mahlen. Die Minzeblättchen waschen und fein hacken.
3. Die Hälfte des Öls in eine beschichtete Pfanne geben und die Zwiebel 2 Minuten unter Rühren darin andünsten, die Pinienkerne zugeben und noch einmal 2 Minuten rühren. Brot, Zucker, Paprikapulver, Salz und Pfeffer zugeben und alles noch einmal 1 Minute verrühren. Vom Herd nehmen, mit dem Orangensaft und dem Essig befeuchten und die Mischung in eine Schüssel füllen. Die Korinthen und die Minze hinzufügen und ein letztes Mal vermischen.
4. Den Backofen auf 250 °C vorheizen. Eine ofenfeste Form von 18 × 26 cm leicht einfetten. Die Sardinen mit der Hautseite nach unten nebeneinander auf ein Brett legen. Jeweils 1/12 der Farce an die Kopfseite geben und mit dem Handballen andrücken. Jede Sardine vom Kopf her aufrollen, ohne sie zu drücken. Die Sardinenröllchen nebeneinander in die ofenfeste Form legen.
5. Das restliche Öl über die Sardinen geben und 25 Minuten im Ofen backen lassen.

Man kann die Sardinen heiß oder lauwarm servieren, aber auch kalt schmecken sie ganz vorzüglich.

Spaghetti

mit Herzmuscheln und Petersilie

Für 3 bis 4 Personen
Vorbereitung: 20 Minuten
Garzeit: 10 Minuten

300 G SPAGHETTI, 2 KG HERZMUSCHELN
1 VOGELAUGENCHILI, 20 KIRSCHTOMATEN
1 ZEHE JUNGER KNOBLAUCH
4 ESSLÖFFEL FEIN GESCHNITTENE GLATTE PETERSILIE
4 PRISEN OREGANO
4 ESSLÖFFEL SEHR FRUCHTIGES OLIVENÖL
SALZ, PFEFFER

1. Die Muscheln waschen, bis das Wasser klar bleibt.
2. Die Muscheln in einen gusseisernen Topf geben. Den Topf stark erhitzen, damit sich alle Muscheln öffnen. Den Topf vom Herd nehmen und die Muscheln über einer Schüssel in ein Sieb schütten. Leere Muschelschalen und noch geschlossene Muscheln wegwerfen, nur zur Dekoration ein paar Muscheln in ihrer Schale zur Seite legen.
3. Den Muschelsud durch ein feines Sieb in einen Schmortopf seihen, 2 Esslöffel Öl und die zerkleinerte Chilischote zugeben. Die Flüssigkeit bis auf 150 ml einkochen lassen, die Tomaten zugeben und umrühren.
4. Die Knoblauchzehe schälen und fein hacken. Mit dem restlichen Öl, dem Oregano, der Petersilie und etwas Pfeffer in ein Schälchen geben.
5. Die Spaghetti in Salzwasser al dente kochen.
6. Den Topf mit der Sauce bei großer Hitze aufsetzen. Die Spaghetti abtropfen lassen und zur Sauce geben. Alles 10 Sekunden bei großer Hitze vermischen, dann die Muscheln zugeben und noch einmal 20 Sekunden vermischen. Den Topf vom Herd nehmen, die Mischung aus Öl, Knoblauch und Kräutern unterheben und sofort servieren.

Tagliolini mit Pesto

auf Genueser Art

Für 6 Personen
Vorbereitung: 10 Minuten
Garzeit: 20 Minuten

500 G TAGLIOLINI (SEHR FEINE BANDNUDELN)
250 G KARTOFFELN, 250 G FEINE, GRÜNE BOHNEN
100 G FRISCHE BASILIKUMBLÄTTER
3 ZEHEN FRISCHER KNOBLAUCH, 40 G PINIENKERNE
50 G FRISCH GERIEBENER PECORINO
50 G FRISCH GERIEBENER PARMESAN
150 ML OLIVENÖL, 25 G BUTTER, SALZ, PFEFFER

1. Die Knoblauchzehen schälen, vierteln und mit den Pinienkernen, dem Pecorino, dem Salz, dem Pfeffer und dem Öl in den Mixer geben.
2. Die Basilikumblätter waschen und trockentupfen. Ebenfalls in den Mixer geben und alles zwei Minuten lang pürieren.
3. Die Kartoffeln schälen und in 2 cm große Würfel schneiden. Die Bohnen von den Fäden befreien, waschen und abtropfen lassen.
4. In einen großen Topf 5 Liter Wasser geben und salzen. Die Kartoffeln 10 Minuten darin kochen lassen. Die Bohnen hinzufügen und weitere 7 Minuten kochen lassen. Zuletzt die Tagliolini zugeben und kochen, bis diese al dente sind.
5. Tagliolini und Gemüse abgießen und abtropfen lassen. 100 ml der Kochflüssigkeit abmessen und in eine Schüssel füllen. Gemüse und Nudeln hinzufügen, Butter und Pesto zugeben und alles gut vermischen. Sofort servieren. Dazu frisch geriebenen Parmesan reichen.

Die Pinienkerne können auch durch Walnüsse ersetzt werden. Man kann andere Nudelsorten, frische oder getrocknete, verwenden wie Spaghetti alla chitarra, Trenette oder Linguine.

WACHOLDER

Juniperus communis

Die kleinen runden dunkelviolettgefärbten Wacholderbeeren wachsen an einer Koniferenart aus der Familie der Zypressen, die in Nordeuropa und in Amerika heimisch ist. Nach der Bestäubung der Blüten der weiblichen Büsche bildet sich um die Samen eine Schutzhülle. Diese Beeren werden im Herbst geerntet und bei einer Temperatur unter 35 °C getrocknet, um das ätherische Öl, das ihnen ihr Aroma gibt, zu erhalten. Wenn man die Beeren zwischen den Fingern zerdrückt, setzen sie einen bittersüßen, leicht harzigen Duft frei. Übrigens sind Wacholderbeeren die Lieblingsspeise von Drosseln.

In Fleisch- oder Wildmarinaden, Terrinen, Ragouts, Weinsaucen und zu Geflügelleber wirkt das Aroma von Wacholderbeeren wahre Wunder. Außerdem braucht man Wacholderbeeren zur Herstellung von Gin. Sie sind bekannt für ihre harntreibenden und entzündungshemmenden Eigenschaften. Man sollte Wacholderbeeren frisch verwenden, solange sie innen noch weich sind.

Kaninchen in Bier mit Wacholder

Für 4 Personen
Vorbereitung: 15 Minuten
Garzeit: 1 Stunde

1 Kaninchen von 1,5 kg, in 8 Stücke geteilt
125 g hauchdünne Scheiben durchwachsener Räucherspeck
1 Esslöffel Wacholderbeeren
6 Lorbeerblätter
2 Zweige Rosmarin
12 Zehen frischer Knoblauch
1/2 l helles Bier
1 Stückchen Butter
Salz, Pfeffer

1. Den Backofen auf 250 °C vorheizen. Eine ofenfeste Form von 32 × 22 cm einfetten. Die Knoblauchzehen schälen, nur das letzte Häutchen belassen. Jede Scheibe Speck vierteln.
2. Die Kaninchenstücke in die Form setzen, pfeffern und salzen. Den Speck, die Lorbeerblätter, den Knoblauch, den Rosmarin und die Wacholderbeeren zwischen die einzelnen Teile schieben. Dann das Bier zugießen.
3. Die Form in den heißen Backofen schieben und alles 20 Minuten garen. Die Fleischstücke einmal wenden und weitere 20 Minuten schmoren lassen, dabei zweimal wenden. In den letzten 20 Minuten Garzeit die Teile alle 5 Minuten wenden.
4. Danach sind die Kaninchenteile karamellisiert und mit einer würzigen Sauce überzogen. Heiß in der Form servieren.

Geflügellebermousse

mit Rosinen und gebratenen Äpfeln

Für 6 Personen
Vorbereitung: 30 Minuten
Garzeit: 10 Minuten

750 G GEFLÜGELLEBER

3 SCHALOTTEN

3 ESSLÖFFEL KERNLOSE ROSINEN

3 ESSLÖFFEL WACHOLDERBRANNTWEIN ODER GIN

1 ESSLÖFFEL WACHOLDERBEEREN

1 GROSSER APFEL VON 250 G: GOLDEN DELICIOUS, JONAGOLD, GALA ODER REINETTE

75 G BUTTER

3 ESSLÖFFEL ERDNUSSÖL

8 PRISEN MUSKATNUSS

SALZ, PFEFFER

1. In einem kleinen Topf 2 Esslöffel Wacholderbranntwein erhitzen und die Rosinen zugeben. Vom Herd nehmen.
2. Die Schalotten schälen und fein hacken. Die Geflügelleber putzen, abspülen und trockentupfen.
3. In einer beschichteten Pfanne 2 Esslöffel Öl erhitzen. Die Schalotten kurz darin andünsten, dann die Geflügelleber und die Wacholderbeeren zugeben. Bei milder Hitze garen, ohne dass sie braun werden. Sie sollten innen noch etwas rosafarben sein. Während des Garens salzen und pfeffern. In einem Sieb abtropfen lassen.
4. Den Apfel schälen und in 1 cm große Würfel schneiden. Das restliche Öl in einer beschichteten Pfanne erhitzen. Die Apfelwürfel bei sehr schwacher Hitze dünsten, bis sie goldbraun sind. Den restlichen Alkohol zugeben, flambieren und die Apfelwürfel in einem Sieb abtropfen lassen.
5. Die Geflügelleber und die Wacholderbeeren mit der Butter, dem Salz, dem Pfeffer und der Muskatnuss im Mixer fein pürieren. In eine Schüssel geben, die Rosinen und die Apfelwürfel zugeben und vorsichtig vermischen.
6. Die Masse in eine Schale oder eine Terrine füllen. Zudecken und mindestens eine Stunde im Kühlschrank durchkühlen lassen.

Probieren Sie die Geflügellebermousse zu geröstetem Landbrot.

Man kann die Mousse auch am Vortag zubereiten.

INGWER

Zingiber officinale

Die Umrisse der Ingwerwurzel erinnern an einen Kaktus. Seit über 300 Jahren wird sie in Asien angebaut. Wahrscheinlich war Marco Polo der erste Europäer, der ihre fruchtige Schärfe entdeckte. Große, frische Ingwerwurzeln werden fünf bis sechs Monate nach dem Pflanzen geerntet; man lässt sie dann nur zwei oder drei Tage trocknen. Ingwer, der getrocknet in den Handel gehen soll, wird acht bis zehn Monate nach dem Pflanzen geerntet. Diese Knollen sind fasriger und schärfer und werden vor dem Trocknen überbrüht.

Man bricht die Ingwerknolle auseinander, schält die feine hellgelbe Haut ab und schneidet den Ingwer in Stifte oder reibt ihn auf einer Spezialreibe aus Bambus oder Metall. Damit kann man ein Curry, eine Tajine, Marinaden, Vinaigrettes, Saucen oder Farcen würzen. Ingwer kann auch für Desserts oder Kuchen verwendet werden, oder man bereitet daraus eine Konfitüre. Bei Zimmertemperatur lässt sich frischer Ingwer recht lange aufheben. Ganz langsam trocknet er aus, und falls sich neue Knospen bilden, brechen Sie die zarten, knackigen Knöllchen ab. Sie schmecken besonders gut, hauchdünn aufgeschnitten, in Obstsalat und Kompott.

Trocken wird Ingwer schärfer. Deshalb verwendet man ihn auch häufig anstelle von Pfeffer. Saucen, Brühen und Eintöpfen verleiht er ein besonderes Aroma. Gemahlener Ingwer hat ein wesentlich schwächeres Aroma, doch lässt er sich in dieser Form leicht in Kuchen- und Plätzchenteig verarbeiten: Denken Sie an die französischen *biscuit de Savoie,* an englische *gingerbread men* und unsere Spekulatius. Kandierter Ingwer ist eine besondere Leckerei nach dem Essen. Man kann ihn aber auch wie andere kandierte Früchte in Kuchen verwenden. In Japan wird Ingwer außerdem fein aufgeschnitten in Essig mariniert: *gari,* das sind die Ingwerblättchen, die zum Sushi serviert werden.

Mit dem Ingwer verwandt ist der Galgant. Davon gibt es zwei Arten, den Großen Galgant, *Alpinia galanga,* und den Echten Galgant, *Alpinia officinarum.* Ersterer schmeckt pfeffrig und leicht säuerlich und kommt aus Indonesien; letzterer gleicht stärker unserem Ingwer, stammt aus China und schmeckt leicht harzig nach Eukalyptus. Wie der Ingwer bildet der Galgant Rhizome mit einer rotgeäderten Haut. Er wird frisch, getrocknet, in Scheiben, Stücken oder als Pulver angeboten.

Ebenfalls zur Familie des Ingwers gehört Kurkuma, *Curcuma longa.* Unter seiner hellbraunen Schale verbirgt er leuchtend orangefarbenes Fruchtfleisch, das frisch und leicht pfeffrig schmeckt und zart nach Orangen duftet. Der Geschmack von Kurkuma ist scharf und adstringierend, und er gehört in jedes Curry. Besonders bekannt ist er als preiswerter goldgelber Farbstoff, mit dem man ab und an Safran ersetzt.

Kakuni

Vorbereitung: 10 Minuten
Marinierzeit: 30 Minuten
Zubereitung: 2 Stunden, 12 Stunden im Voraus

1 Scheibe Thunfisch von 1 kg
60 g frischer Ingwer, 2 Esslöffel Zucker
100 ml japanische Sojasauce
150 ml süsser Muskatellerwein,
möglichst Beaumes-de-Venise
1 Teelöffel feines Meersalz

1. Die Scheibe Thunfisch sollte aus dem Teil hinter dem Bauch stammen. Die Haut, die Mittelgräte und die braunen Teile rundherum entfernen. Dann bleiben 4 sauber parierte Dreiecke Thunfisch übrig. Diese in 1,5 cm große Würfel schneiden. Den Fisch waschen, trockentupfen und mit feinem Meersalz bestreuen. In ein Sieb geben und 30 Minuten durchziehen lassen.
2. Wasser in einem Topf zum Kochen bringen. Die Fischwürfel 2 Minuten darin kochen. In ein Sieb geben, unter fließendem Wasser abspülen und anschließend abtropfen lassen.
3. Den Ingwer schälen und fein raspeln. In einen großen gusseisernen Topf geben. Den Zucker, die Sojasauce und den Muskateller hinzufügen. Alles vermischen und die Flüssigkeit bei starker Hitze zum Kochen bringen.
4. Die Fischwürfel zugeben und die Temperatur reduzieren. Zugedeckt 2 Stunden bei sehr schwacher Hitze köcheln lassen. Dabei alle 30 Minuten vorsichtig wenden.

Man kann den Thunfisch sofort servieren, besser schmeckt er jedoch, wenn man ihn noch einmal aufgewärmt hat, und noch besser, wenn man ihn kalt serviert.
Dieses japanische Gericht lässt sich auch mit Rindfleisch zubereiten, das nach den 2 Stunden Kochzeit sehr weich ist und zerfällt.
Kakuni, ob aus Thunfisch oder vom Rind, kann man 2 Tage im Kühlschrank aufbewahren.

Mousse au chocolat

mit kandiertem Ingwer

Für 6 Personen
Zubereitung: 20 Minuten, 24 Stunden im Voraus

300 G HALBBITTERE KUVERTÜRE ODER EINE HOCHWERTIGE BITTERSCHOKOLADE
200 ML SAHNE
2 EIWEISS
2 TEELÖFFEL ZUCKER
50 G KANDIERTER INGWER
1 ESSLÖFFEL BRAUNER RUM

1. Den Ingwer waschen, um die äußere Zuckerschicht vollständig zu entfernen. Trockentupfen und in 1 mm große Würfelchen schneiden. Mit dem Rum in eine Schale geben.
2. Die Hälfte der Sahne in eine Schüssel geben, die zerkleinerte Schokolade zugeben und im Mikrowellenherd schmelzen lassen. Dann mit einem Holzlöffel glatt rühren. Man kann die Sahne auch zum Kochen bringen und die Schokolade dann in kleinen Stückchen zugeben, schmelzen lassen und glatt rühren.
3. Die restliche Sahne so steif schlagen, dass die Spuren des Schneebesens sichtbar bleiben. Das Eiweiß zu steifem Schnee schlagen, dann nach und nach den Zucker unterschlagen, bis eine glatt glänzende Baisermasse entstanden ist. Vorsichtig die Schlagsahne unter den Eischnee heben.
4. Unter kräftigem Rühren 3 Esslöffel der Sahne-Eiweiß-Mischung unter die Schokolade mischen. Dann die Schokolade über die Sahne-Eiweiß-Mischung geben und vorsichtig mit einem Spatel unterheben. Gleichzeitig den Ingwer mit dem Rum zugeben.
5. Die Mousse 24 Stunden im Kühlschrank durchkühlen lassen, bevor man sie in Schalen oder selbstgebackenen Ingwertulpen serviert.

Für die Ingwertulpen 50 g Butter in einem kleinen Topf schmelzen und mit Akazienhonig mischen. Vom Herd nehmen, 25 g frisch geriebenen Ingwer und 50 g Zucker zugeben. Dann 50 g Mehl hineinsieben und alles zu einem glatten Teig verarbeiten. Den Teig mindestens 2 Stunden im Kühlschrank ruhen lassen. Aus dem Teig dünne Kreise ausrollen und auf einem leicht gefetteten Backblech verteilen. Bei 175 °C etwa 6 Minuten backen. Die Plätzchen sind nun hellgelb und luftig. 1 Minute ruhen lassen. Dann mit einem Pfannenheber vom Blech heben und formen: Man kann die Plätzchen in kleine Schalen legen, sodass sie zu essbaren Schalen, also Tulpen, werden, oder sie über eine Backrolle legen, damit sie eine halbrunde Form annehmen können. Vor der Weiterverwendung abkühlen lassen.

LORBEER

Laurus nobilis

Der Lorbeerbaum stammt aus Kleinasien und gehört zur selben Familie wie Kampfer oder Zimt. Er kann eine beeindruckende Höhe erreichen. In Südeuropa ist er ebenfalls seit langem heimisch, und selbst im Seeklima der Bretagne fühlt er sich wohl. An den vanillefarbenen Blüten delektieren sich die Bienen und machen aus dem Nektar einen wundervoll sämigen Honig. Die dunkelgrünen Blätter krönten in der Antike die Köpfe von Siegern in Sport und Wettstreit. Auch manchen Dichtern wurde diese Ehre zuteil, und durfte sich der »Bakkalaureus« nicht auch mit Lorbeer schmücken? Aber Vorsicht, man sollte ihn nicht mit dem Kirschlorbeer oder dem Oleander verwechseln, die beide hochgiftig sind.

Die frischen Blätter – Lorbeer ist leicht im Blumentopf auf der Fensterbank zu ziehen oder auch im Garten – duften zart würzig und schmecken erfrischend. Getrocknet ist der Geschmack des Lorbeers schärfer, holziger und er riecht weniger intensiv.

Lorbeer gehört in jedes Bouquet garni und in alle Schmorgerichte, ebenso wie in Terrinen, Pasteten, zu Schinken und in verschiedene Saucen. Er passt ebenso gut zu bestimmten Fischen wie Thunfisch, Anchovis oder Sardinen wie zu Fleisch und Kartoffeln.

Lorbeerkartoffeln

Für 3 bis 6 Personen
Vorbereitung und Garzeit: 1 Stunde 10 Minuten

6 KARTOFFELN À 150 G: NICOLA ODER CHARLOTTE
1 SCHEIBE RÄUCHERSPECK VON 150 G
6 LORBEERBLÄTTER

1. Den Backofen auf 175 °C vorheizen. Den Speck in sechs Teile schneiden. Die Kartoffeln unter fließendem Wasser abbürsten und in einen ausreichend großen gusseisernen Topf legen. Auf jede Kartoffel ein Stück Speck legen und zwischen die Kartoffeln die Lorbeerblätter schieben.
2. Die Kartoffeln im heißen Ofen zugedeckt 1 Stunde garen. Die Kartoffeln heiß, lauwarm oder kalt servieren.

Diese Kartoffeln passen zu heißem und kaltem Braten, geräuchertem Fisch und vielen anderen Gerichten.

Gebeizter Thunfisch
mit Knoblauch und Lorbeer

Für 4 Personen
Vorbereitung: 20 Minuten
Marinierzeit: 1 Stunde
Garzeit: 4 Stunden

1 Scheibe weisser Thunfisch von 1 kg, 4 cm dick
12 Zehen frischer Knoblauch
20 frische Lorbeerblätter
8 Gewürznelken
8 Prisen geriebene Muskatnuss
2 rote Chilischoten
Olivenöl
2 Esslöffel grobes Salz
1 Esslöffel zerstossener Pfeffer

1. Die Thunfischscheibe sollte aus dem Teil unmittelbar hinter der Bauchöffnung stammen. Den Fisch abspülen und trockentupfen. Mit dem groben Salz und dem Pfeffer bestreuen und etwa 1 Stunde durchziehen lassen.
2. Anschließend den Thunfisch abspülen, trockentupfen und in einen Topf legen, in den er gerade hineinpasst. Mit Öl bedecken – dazu braucht man etwa 200 ml –, die ungeschälten Knoblauchzehen, Lorbeerblätter, Nelken, Muskatnuss und Chilischoten zugeben.
3. Den Topf bei milder Hitze aufsetzen. Sobald das Öl simmert, den Topf halb schließen und das Gericht 4 Stunden leicht köcheln lassen. Mit den Knoblauchzehen servieren.

Man kann die gegarten Knoblauchzehen zerdrücken und mit ein wenig Öl aus dem Topf mischen. Den Knoblauch mit etwas Muskatnuss würzen: So erhalten Sie eine aromatische Paste, die Sie zu dem Thunfisch reichen können, vielleicht noch mit gerösteten Landbrotscheiben.
Dieses Thunfischgericht schmeckt heiß, lauwarm oder kalt. Im Kühlschrank hält sich der Fisch in dem würzigen Öl mehrere Tage.

MELEGUETAPFEFFER

Aframomum melegueta

Meleguetapfeffer wird in seiner Wildform an der Westküste Afrikas geerntet. Er gehört zur selben Familie wie Kardamom und Ingwer. In Europa tauchte er zuallererst in Treviso auf, dann, 1245 in Lyon auf einer Liste mit Gewürzen. Eine Beschreibung findet sich auch in Pierre Pommets *Histoire générale des drogues*. Dort wurde er als Balsam gegen Gicht und giftige Tiere empfohlen. Zu einer Zeit, als echter Pfeffer unbezahlbar war, wurde der Meleguetapfeffer hochgeschätzt, und weil dieses Gewürz aus einem fernen, unbekannten Land kam, nannte man es auch »Paradieskörner«. Über die Sahara und Tripolis nahm der Meleguetapfeffer seinen Weg nach Europa, exportiert von Arabern und Portugiesen, wo man ihn für Glühwein und Bierzubereitungen mit anderen Gewürzen mischte. Noch heute wird er Likören, Mixed Pickles und Würzmischungen beigegeben und ist in Afrika ein ganz übliches Gewürz.

Die Pflanze trägt eine dicke, fleischige Beere, in der Hunderte von kleinen pyramidenförmigen, dunkel gefärbten Samen stecken: Sie schmecken sehr scharf und pfeffrig. Diese werden getrocknet, dann zerstoßen oder zu einem weißgrauen Pulver gemahlen, das man anstelle von Pfeffer verwenden kann.

Huhn mit Honig und Zitrone

Für 6 Personen
Vorbereitung: 20 Minuten
Garzeit: 25 Minuten

1 Huhn von 1,8 kg, in 12 Stücke zerteilt
2 eingelegte Zitronen mit Gewürznelken (Rezept Seite 46)
6 Lorbeerblätter
frisch gemahlener Meleguetapfeffer
25 g frischer Ingwer
1 Esslöffel Zitronenhonig
2 Esslöffel Zitronensaft
3 Esslöffel trockener, weisser Wermut
2 Esslöffel Erdnussöl
25 g Butter
Salz

1. Die eingelegten Zitronen grob zerkleinern. Den Ingwer schälen und in feine Stifte schneiden.
2. In einem Schmortopf das Öl erhitzen, die Fleischstücke mit den Lorbeerblättern, dem Meleguetapfeffer und dem Ingwer hineingeben. Salzen und das Fleisch in etwa 15 Minuten goldbraun braten, dabei häufig wenden.
3. Anschließend den Honig zugeben und unter Rühren karamellisieren lassen. Den Saft und die Zitronenstücke sowie den Wermut zugeben und weitere 10 Minuten garen. Dabei immer wieder umrühren. Die Butter zugeben und untermischen: Die Geflügelstücke sind nun mit einer sehr dickflüssigen, aromatischen Sauce überzogen.

Reichen Sie dazu Reis, Bulgur oder Couscous mit Rosinen und Pinienkernen.

Scampi aus der Pfanne

mit rotem Pistou und Zitronenöl

Für 4 Personen
Vorbereitung: 30 Minuten
Garzeit: 1 Minute
Marinierzeit: mindestens 2 Stunden

16 GROSSE SCAMPI
4 ESSLÖFFEL ZITRONENÖL
FRISCH GEMAHLENER MELEGUETAPFEFFER
SALZ

Für das Zitronenöl:

1 UNBEHANDELTE ZITRONE
2 ESSLÖFFEL GROBES MEERSALZ
OLIVENÖL

Für den roten Pistou:

400 G TOMATEN
24 FRISCHE BASILIKUMBLÄTTER
1 KNOBLAUCHZEHE
4 ESSLÖFFEL ZITRONENÖL
1 PRISE GROBES MEERSALZ
FRISCH GEMAHLENER MELEGUETAPFEFFER

1. Für das Zitronenöl die Zitrone waschen, trockenreiben und in 5 mm dicke Scheiben schneiden. Mit grobem Salz bestreuen und 1 Stunde durchziehen lassen.
2. Anschließend die Zitronenscheiben trockentupfen und in eine Schüssel legen. Mit Olivenöl bedecken und mindestens 1 Stunde durchziehen lassen. Das Zitronenöl hält sich im Kühlschrank etwa 14 Tage.
3. Für den Pistou die Tomaten 10 Sekunden in kochendes Wasser tauchen, dann unter fließendem kaltem Wasser abschrecken, häuten, längs halbieren und die Kerne entfernen; das Fruchtfleisch hacken. Die Knoblauchzehen schälen und mit dem Salz im Mörser zu einer Paste zerreiben. Dann das Basilikum zugeben und ebenfalls zerreiben. Unter Rühren das Öl und die Tomaten zugeben. 4 Prisen Meleguetapfeffer hinzufügen.
4. Etwa 10 Minuten vor dem Servieren die Scampi aus ihren Panzern brechen, dabei das Schwanzstück des Panzers belassen.
5. Die Scampi mit dem Zitronenöl bestreichen, salzen und mit Meleguetapfeffer würzen. Eine beschichtete Pfanne erhitzen und die Scampi bei mäßiger Hitze $1/2$ Minute von jeder Seite braten.
6. Die Scampi mit den Zitronenscheiben auf vier Tellern verteilen. Sofort mit dem roten Pistou servieren.

SENF

Sinapis alba / Brassica hirta / Brassica nigra
Brassica juncea

Das Wort Senf stammt vom griechischen Wort *sinapi* ab, das wohl aus dem Ägyptischen übernommen wurde. Auch die Römer kannten Senf. Sie mischten die zerstoßenen Körner mit Traubenmaische und erhielten so eine scharfe Paste, mit der sie ihre Speisen würzten. Senfkörner waren auch als Heilmittel bekannt – bei Plinius dem Älteren werden mehr als vierzig Arzneien aufgezählt, die auf der Basis von Senfkörnern hergestellt wurden. Die Blätter der Senfpflanze kann man übrigens wie Gartenkresse essen. Beide gehören derselben botanischen Familie an und wachsen sehr rasch.

Im Jahr 800 waren Senfpflanzen weit verbreitet, sie wuchsen auch rund um Paris. Die Blätter wurden in Essig eingelegt und zum Würzen verwendet. In Frankreich wurde der erste Senf wahrscheinlich im 12. Jahrhundert hergestellt. Papst Johannes XXII. von Avignon war ein großer Senfliebhaber, weshalb er auch das Amt eines »Ersten Senfmeisters des Papstes« schuf. Bald gab es zahllose Senfmischungen: mit Kräutern, Gewürzen, Blüten, Vanille oder auch Rosen – letztere mischte man für die Damenwelt in Dijon, der Stadt, die bis heute als das Zentrum der französischen Senfproduktion gilt. Seit jener Zeit sind aromatisierte Senfsorten sehr beliebt, nicht nur in Frankreich.

Alle Senfarten blühen gelb, der braune Senf, der ziemlich große Körner hervorbringt, blüht etwas heller. Schwarze Senfkörner schmecken viel schärfer als andere Sorten und sind besonders in Indien sehr beliebt. Dort werden sie vor der weiteren Verwendung angeröstet, um ihr nussartiges Aroma zu betonen. Im Allgemeinen verlieren Senfkörner jedoch an Schärfe, wenn man sie anröstet, dann entwickeln sie eher ein Aroma, das an getrocknete Früchte erinnert.

Ganze Senfkörner verwendet man meist zum Einlegen von Gurken und anderen Gemüsen, in Currys und Chutneys, im Kochsud für Schinken oder in Sauerkraut gemeinsam mit Wacholder. Übrigens kann man Senfkörner auch auf einem feuchten Tuch ganz einfach zum Keimen bringen. Es dauert etwa vierzehn Tage, bis man die kleinen, knackigen grünen Keime ernten kann. Sie schmecken sehr würzig und passen gut zu Salat, eignen sich aber auch zum Dekorieren von Sandwiches mit kaltem Braten, die auch noch mit Senf bestrichen sind.

Französischer Senf wird aus gelben oder schwarzen Senfkörnern zubereitet, die man zu Pulver mahlt, mit Essig, *verjus* – dem Saft unreifer Trauben – oder Most vermischt. Für körnigen Senf wie den berühmten *Moutarde de Meaux* lässt man die Körner ganz oder schrotet sie nur teilweise. Englischer Senf besteht aus gemahlenem weißem Senf, der mit Ingwer oder Kurkuma gemischt wird. Unmittelbar vor Gebrauch löst man das Pulver in ein wenig Wasser auf oder streut es wie andere Gewürzmischungen vor dem Grillen, Schmoren oder Braten über Fleisch.

Salat von grünen Bohnen

mit Senf-Thymian-Sauce

Für 4 Personen
Vorbereitung und Garzeit: 15 Minuten

600 G SEHR FEINE, GRÜNE BOHNEN
1 SCHALOTTE ODER KNOBLAUCHZEHE
2 ESSLÖFFEL SAVORA-SENFSAUCE
2 ESSLÖFFEL SCHARFER SENF
1 ESSLÖFFEL HASELNUSSÖL
1 ESSLÖFFEL OLIVENÖL
6 ZWEIGE FRISCHER THYMIAN
1 TEELÖFFEL AKAZIENHONIG (NACH GESCHMACK)
SALZ

1. Die Bohnen putzen, waschen und abtropfen lassen. Salzwasser in einem Topf zum Kochen bringen, die Bohnen hineingeben und 5 Minuten garen, bis sie gerade weich sind, aber noch Biss haben.
2. Die Schalotte schälen und fein hacken. Den Knoblauch, falls verwendet, schälen und durch die Knoblauchpresse drücken. Die Thymianblättchen abzupfen.
3. Beide Senfsorten in eine Salatschüssel geben, das Haselnuss- und Olivenöl mit dem Honig zugeben und mit einer Gabel verschlagen. Den Thymian zugeben und untermischen.
4. Die gekochten Bohnen abtropfen lassen und zu den anderen Zutaten in die Salatschüssel geben. Alles gut miteinander mischen und noch lauwarm servieren.

Diesen Salat kann man allein oder als Beilage zu gebratenem Fleisch oder Geflügel, aber auch zu gegrilltem Fisch servieren.

Savora ist eine säuerlich schmeckende, scharfe Senfsauce, man findet sie in gut sortierten Feinkostgeschäften oder Lebensmittelabteilungen von Kaufhäusern.

Schweinebraten mit drei Senfsorten

mit frischem Knoblauch

Für 8 Personen
Vorbereitung: 30 Minuten. Garzeit: 3 Stunden

1 Schweinerücken mit Filet (Sattelstück) von 1,8 kg
1 Knolle frischer Knoblauch, 8 Salbeiblätter
1 Esslöffel Dijonsenf
1/2 Teelöffel helle Senfkörner
1/2 Teelöffel schwarze Senfkörner
2 Esslöffel Akazienhonig
1 Teelöffel Erdnussöl
Salz, Pfeffer

1. Den Schweinerücken vom Metzger entbeinen und alles Fett entfernen lassen. So zurechtschneiden lassen, dass man die Seiten über dem Filet zusammenklappen kann.
2. Die Knoblauchzehen schälen und die größeren halbieren. Das Fleisch flach auf ein Brett legen. Innen pfeffern und salzen, die Salbeiblätter und den Knoblauch auf die Innenseite legen und die beiden Seitenlappen über dem Filet zusammenklappen, sodass die Gewürze innen liegen. Den Braten mit einem Baumwollfaden und einer langen Nadel zusammennähen.
3. Die Senfkörner mit Dijonsenf und Honig mischen. Das Fleisch mit dieser Mischung von allen Seiten bestreichen. Einen ausreichend großen ovalen Topf aus Gusseisen mit dem Öl leicht fetten und den Braten hineinlegen.
4. Den Topf in den kalten Ofen schieben, den Thermostat auf 175 °C stellen und das Fleisch 3 Stunden braten lassen. Den Braten mehrmals wenden und, falls nötig, etwas Wasser zugeben.
5. Sobald der Braten gar ist, aus dem Ofen nehmen und abkühlen lassen. In feine Scheiben geschnitten servieren.

Als Beilage passen zu diesem Braten ein Salat, gegrillte Paprikaschoten oder auch ein Auberginenpüree.

SCHWARZKÜMMEL

Nigella sativa

Die Schwarzkümmelpflanze trägt zierliche, zartblaue Blüten. Sie ist besonders im Mittelmeerraum verbreitet und bei uns als Zierpflanze unter dem Namen »Jungfer im Grünen« recht beliebt. Manche kennen sie auch besser unter ihrem lateinischen Namen »Nigella«. Heute wird Schwarzkümmel als Gewürzpflanze vor allem in Indien angebaut. Die Samen werden trocken angeröstet, bevor man sie zum Würzen von Gemüsen, besonders Auberginen, und Brot – vor allem im Mittleren Osten – sowie in Gewürzmischungen verwendet.

Die Samenkapseln werden geerntet, bevor sie aufbrechen, dann getrocknet und geöffnet, um die 2 mm großen, fünfeckigen Samen zu gewinnen. Diese schmecken pfeffrig, leicht anisartig, erinnern aber auch ein wenig an Oregano.

Speckbrot mit Schwarzkümmel

Für 6 Personen
Vorbereitung: 20 Minuten. Garzeit: 40 Minuten

100 g Pancetta oder Räucherspeck
in 1/2 cm dicken Scheiben
50 g frisch geriebener Parmesan
3 Esslöffel Schwarzkümmel
2 Eier, 4 Esslöffel Milch
4 Esslöffel Olivenöl
150 g Weizenmehl, Type 405
2 Teelöffel Backpulver
3/4 Teelöffel Salz
reichlich Pfeffer

Für die Form:

1 Stückchen weiche Butter
2 Esslöffel Mehl

1. Den Backofen auf 175 °C vorheizen. Eine 18 cm lange Kastenform mit der Butter ausstreichen und mit Mehl bestäuben.
2. Den Speck würfeln und in einer beschichteten Pfanne goldbraun braten. Auf Küchenpapier abtropfen lassen.
3. Die Eier in eine Schüssel aufschlagen. Mit Salz und Pfeffer mit dem Handrührgerät schaumig schlagen. Unter Rühren die Milch und das Öl zugeben. Das Mehl mit dem Backpulver hineinsieben. Den Parmesan und den Speck sowie 2 Esslöffel Schwarzkümmel unterheben.
4. Den Teig in die Kastenform geben und mit dem restlichen Schwarzkümmel bestreuen. In den Backofen stellen. Den Thermostat auf 150 °C herunterschalten. Das Brot 40 Minuten backen, bis es aufgegangen und goldbraun ist. Aus dem Ofen nehmen und 5 Minuten ruhen lassen, bevor man es aus der Form hebt. Auf einem Kuchenrost abkühlen lassen.

Man kann das Brot auch mehrere Stunden im Voraus backen. Reichen Sie dieses Brot in Scheiben geschnitten mit kaltem Braten und Käse, aber auch mit Gemüsen zum Beispiel als Vorspeise.

Schwarzkümmelfladen

Für 4 bis 6 Personen
Vorbereitung: 15 Minuten. Ruhezeit: 3 Stunden
Garzeit: 20 Minuten

300 G WEIZENMEHL, TYPE 405
1 PÄCKCHEN TROCKENHEFE (8 G)
1/2 TEELÖFFEL ZUCKER
1 ESSLÖFFEL SCHWARZKÜMMEL
2 TEELÖFFEL OLIVENÖL
1 GESTRICHENER TEELÖFFEL FEINES MEERSALZ
1 GESTRICHENER TEELÖFFEL GROBES MEERSALZ

1. Den Zucker in ein Glas mit 200 ml Fassungsvermögen geben, 100 ml lauwarmes Wasser (35 °C) zugeben und mit einem Teelöffel so lange rühren, bis sich der Zucker aufgelöst hat. Die Hefe hineinrieseln lassen, verrühren und alles an einem warmen Ort etwa 10 Minuten gehen lassen. Die Hefemischung muss bis an den Rand des Glases reichen.
2. Das Mehl auf die Arbeitsfläche geben, das feine Salz darüber streuen und vermischen. In die Mitte eine Vertiefung machen. Die Hefe in dem Glas verrühren und mit 300 ml lauwarmem Wasser in die Vertiefung gießen.
3. Mit den Fingerspitzen von der Mitte ausgehend rasch alle Zutaten miteinander vermengen, dann den Teig zu einer Kugel rollen und folgendermaßen weiterarbeiten: Den Teig weit nach hinten ausbreiten, dann nach vorn zusammenfalten und um ein Viertel gegen den Uhrzeigersinn drehen. Von vorn beginnen. Den Teig 5 bis 6 Minuten lang auf diese Weise durcharbeiten, bis er glatt und geschmeidig ist.
4. Den Teig in eine große, leicht mit Mehl bestäubte Schüssel legen und mit einem Tuch zudecken. An einem warmen Ort ohne Luftzug etwa 1 1/2 Stunden gehen lassen: Der Teig sollte sein Volumen etwa verdoppelt haben.
5. Anschließend das Tuch abnehmen, den Teig zusammenfallen lassen, indem man ihn leicht mit den Fingerspitzen klopft, und wieder auf die Arbeitsfläche legen. Den Teig 3 Minuten lang durcharbeiten wie beim ersten Mal.
6. Ein Backblech von 38 × 28 cm mit der Hälfte des Öls einfetten und den Teig darauf legen. Mit dem Handballen zum Rand hin drücken, bis der Teig etwa 1/2 cm dick ist. Mit dem restlichen Öl einpinseln; die Oberfläche des Teigs alle 2 cm mit einem Hölzchen einstechen, damit er beim Backen nicht zu sehr aufgeht. Noch einmal 1 1/2 Stunden gehen lassen, bis er 1 1/2 cm dick ist.
7. In der Zwischenzeit den Backofen auf 250 °C vorheizen. Wenn der Teig hoch genug aufgegangen ist, mit grobem Meersalz und Schwarzkümmel bestreuen. Etwa 20 Minuten backen, bis der Fladen hellbraun geworden ist.
8. Das Blech aus dem Ofen heben, den Fladen in Vierecke schneiden und servieren.

Man kann den Fladen heiß oder lauwarm, so wie er ist oder gefüllt, servieren. Zum Füllen schneidet man ihn auf wie ein Brötchen und gibt rohen oder gekochten Schinken, Käse, Tomaten, Anchovis und andere Zutaten hinein.

MUSKATNUSS & MUSKATBLÜTE

. Myristica fragrans

Der Muskatnussbaum stammt von den Molukken und wächst heute auf Java, den Antillen und Mauritius. Dieser große immergrüne Baum trägt Früchte, die so groß wie Aprikosen werden. Wenn eine Frucht reif ist, öffnet sie sich und gibt einen von einer harten Schale umgebenen Kern frei. Unter der Schale befindet sich die eigentliche Muskatnuss, die in einen orangefarbenen geschlitzten Samenmantel eingehüllt ist, auch Muskatblüte oder Macis genannt. Man lässt den Kern langsam auf kleinem Feuer trocknen, um die harte Schale entfernen zu können, denn sie ist nicht zum Verzehr geeignet. Bis zum Mittelalter war die Muskatnuss bei uns unbekannt, weil sie nur auf den Molukken wuchs. Chinesen und Inder verkauften sie an die Araber, und die brachten sie bis an die Tore Europas.

Die Portugiesen entdeckten später die ursprüngliche Heimat der Muskatnuss: die Bandainseln. Sie wollten ein Monopol aufbauen und vernichteten die Bäume auf allen anderen Inseln, so konnten sie das Gewürz zu horrenden Preisen verkaufen.

Muskatnuss und Muskatblüte ähneln sich im Geschmack sehr. Sie sind mild würzig, wobei die Nuss ein etwas kräftigeres Aroma hat. Beide sind ganz oder gemahlen im Handel. Einige Splitter Muskatblüte schmecken hervorragend in Marinaden, während die Nuss, die man in einer speziellen Mühle mahlt oder auf einer kleinen Reibe fein reibt, zu herzhaften Speisen ebenso gut wie zu Desserts passt.

Mit Käse gefüllte Kalmare

Für 4 Personen
Vorbereitung: 30 Minuten
Garzeit: 2 Stunden 30 Minuten

2 Kalmare à 350 g
125 g frisch geriebener Greyerzer
25 g fein geriebener Parmesan
1 Knoblauchzehe, 3 Eier
50 g Pinienkerne
2 Esslöffel glatte Petersilie, fein gehackt
1,2 kg vollreife Tomaten
100 g Zwiebeln
3 Esslöffel Olivenöl
1 gestrichener Teelöffel Zucker
1/2 Muskatnuss, gerieben
Salz, Pfeffer

1. Für die Füllung der Kalmare die Pinienkerne in einer trockenen, beschichteten Pfanne anrösten. Die Knoblauchzehe schälen und fein hacken. Die Eier in eine Schüssel aufschlagen und mit der Gabel verschlagen. Salz, Pfeffer und geriebene Muskatnuss zugeben, dann die Pinienkerne, die Petersilie, den Knoblauch und die beiden Käsesorten unterrühren. Alles gut vermischen.
2. Auf kleiner Flamme in einer beschichteten Pfanne $^1/_2$ Esslöffel Öl erhitzen. Die Eimischung hineingeben und rühren, bis sie die Konsistenz von Rührei erreicht hat. Dann vom Feuer nehmen.
3. Die Kalmare flach auf die Arbeitsfläche legen. Den Körperbeutel mit einer Hand festhalten. Die Tentakel in die andere Hand nehmen und vorsichtig ziehen. Das gesamte Innere wegwerfen. Vom Kopf nur die Tentakel aufheben, die man unterhalb der Augen abschneidet. Mit einem Messer in zwei oder drei Teile schneiden, waschen und trockentupfen. Das Innere der Körperbeutel waschen und trockentupfen. Wenn sich Rogen oder Milch darin befinden, sollte man diese aufbewahren, denn sie schmecken ausgezeichnet.
4. Die Körperbeutel mit der Farce füllen, dabei nicht zu stark drücken, dann die Öffnungen mit einem Baumwollfaden zunähen.
5. Die Tomaten waschen, vierteln und grob durchpassieren. Die Zwiebeln schälen und klein hacken.
6. Die Kalmare in einen ovalen gusseisernen Topf legen, die Tentakel rundherum legen. Bei schwacher Hitze auf den Herd stellen und von allen Seiten anbraten. Zum Wenden einen Rührlöffel benutzen, denn wenn man die gefüllten Kalmare mit einer Gabel ansticht, könnten sie aufplatzen.
7. Sobald die Kalmare ihr gesamtes Wasser abgegeben haben, die Zwiebeln zugeben und so lange rühren, bis keine Flüssigkeit mehr im Topf ist. Das restliche Öl zugeben und rühren, bis alles leicht gebräunt ist. Das dauert etwa 15 Minuten. Anschließend Tomaten, Salz, Pfeffer und Zucker zugeben. Alles gut mischen und zum Kochen bringen. Abgedeckt 2 Stunden bei sehr schwacher Hitze garen. Die Kalmare dabei von Zeit zu Zeit wenden.
8. Die Kalmare mit einer Messerspitze anstechen: Ihr Fleisch sollte sehr weich und die Sauce dick geworden sein. Die Kalmare aus dem Topf heben und in fingerdicke Scheiben schneiden. Etwas Sauce auf einer Servierplatte verteilen und die Kalmarscheiben darauf anrichten. Die restliche Sauce separat dazu reichen.

Servieren Sie zu den gefüllten Kalmaren Nudeln wie Spaghetti oder Tagliatelle, denn die Sauce passt sehr gut dazu. Die Kalmare schmecken auch kalt mit einem leicht herben Salat wie Rauke.

Gefüllte Bricks

mit Muskatnusscoulis

Für 4 Personen
Vorbereitung: 30 Minuten. Backzeit: 25 Minuten

10 TEIGBLÄTTER *BRICK*, ERSATZWEISE *PHYLLO* ODER *YUFKA*
8 GETROCKNETE APRIKOSEN
12 GETROCKNETE, ENTSTEINTE DATTELN
2 ESSLÖFFEL SULTANINEN
1/2 UNBEHANDELTE ZITRONE, 80 G BRAUNER ZUCKER
40 G BUTTER, 1 ESSLÖFFEL BRAUNER RUM
1 ESSLÖFFEL SESAMSAMEN
4 FRISCHE LORBEERBLÄTTER
1/4 GERIEBENE MUSKATNUSS, 2 GEWÜRZNELKEN

1. Die Datteln und die Aprikosen würfeln. Die Zitronenhälfte in Scheiben schneiden.
2. Den Rum mit 1/4 Liter Wasser, Zucker, Lorbeerblättern, Muskatnuss und Nelken zum Kochen bringen. Die Früchte zugeben und alles 10 Minuten köcheln lassen. Die Mischung abkühlen lassen. Den Sirup abseihen.
3. Den Backofen auf 175 °C vorheizen. Vier Briocheförmchen buttern. Aus den Teigblättern 24 Kreise mit 12 cm Durchmesser ausschneiden und drei davon in jede Form setzen. Mit dem Obst füllen, dann drei weitere Teigscheiben in jede Form setzen. Die Küchlein mit Butter bestreichen, mit Sesam bestreuen und 12 Minuten backen.
4. In der Zwischenzeit den Sirup einkochen lassen, bis er sehr dickflüssig geworden ist.
5. Die Küchlein auf Teller setzen, den heißen Sirup dazugeben, mit den Lorbeerblättern oder frischer Minze garnieren und sofort servieren.

Brickteigblätter sind typisch für die nordafrikanische Küche. Sie lassen sich durch andere Teigblätter wie »Phyllo« oder »Yufka« ersetzen, die man in türkischen oder griechischen Lebensmittelgeschäften bekommt.

Lauchtarte

mit Muskatnuss und Dill

Für 6 Personen
Vorbereitung: 20 Minuten. Garzeit: 40 Minuten

250 G BLÄTTERTEIG
600 G LAUCH, NUR DIE WEISSEN UND ZARTGRÜNEN TEILE
6 STENGEL DILL
200 G CRÈME FRAÎCHE
60 G GERIEBENER GREYERZER ODER COMTÉ
3 EIER, 1 ESSLÖFFEL SPEISESTÄRKE
50 G BUTTER
6 PRISEN GERIEBENE MUSKATNUSS
SALZ, PFEFFER

1. Den Backofen auf 225 °C vorheizen. Eine Quicheform mit 24 cm Durchmesser mit dem ausgerollten Blätterteig auslegen. Den Lauch waschen und fein schneiden. Die Dillblättchen hacken.
2. Die Butter in einem Schmortopf schmelzen. Den Lauch 15 Minuten bei schwacher Hitze darin dünsten, dabei häufig umrühren. Den Dill zugeben und vermischen.
3. In der Zwischenzeit die Eier in eine Schüssel aufschlagen. Crème fraîche, Speisestärke, Käse, Muskatnuss, Salz und Pfeffer zugeben und alles mit einer Gabel verschlagen.
4. Sobald der Lauch gar ist, die Eimischung dazugeben. Etwa eine halbe Minute rühren, damit alles gleichmäßig heiß wird.
5. Die Lauchmasse auf dem Blätterteig verteilen. Die Tarte in den vorgeheizten Ofen schieben und 25 Minuten backen, bis sie goldbraun geworden ist. Heiß oder lauwarm servieren.

ZWIEBELN

Allium cepa

Zwiebeln waren bereits in prähistorischer Zeit bekannt. Ihr Ursprung soll in Mitteleuropa liegen. Wie ihre Verwandten, Knoblauch und Schalotte, sind sie ein ganz wesentlicher Bestandteil unserer Küche.

Frische Zwiebeln sind rund oder länglich geformt. Aus einem zartgrünen Schaft an der Oberseite gehen kräftig grün gefärbte Blätter hervor. Im Frühjahr schmecken Zwiebeln scharf, im Laufe des Jahres werden sie dann milder. Genießen Sie sie einfach einmal roh, nur mit einem Hauch Meersalz, zu gebuttertem Brot, oder schneiden Sie sie fein in einen Tomatensalat, einen grünen Salat oder eine Gemüsecremesuppe.

Es gibt zahllose verschiedene Zwiebelsorten mit sehr unterschiedlichen Formen und Farben: kleine, weiße Perlzwiebeln, die man erntet, bevor die Knollen zweieinhalb Zentimeter Durchmesser erreichen, die wundervoll schmecken, wenn man sie glasiert oder in Essig einlegt; dicke weiße oder strohgelbe Zwiebeln, unerlässlich in allen Schmorgerichten; sehr milde Zwiebeln, wie die Saint-André-Zwiebel, die in den Cevennen wächst; Zwiebeln aus Spanien oder von den Bermudas, die am besten im Ganzen eingelegt werden; und rote Zwiebeln, ob rund oder länglich, mit glänzend violettrotem Kleid, die gleichzeitig scharf und leicht süß schmecken und roh oder gekocht gleich gut sind, ihre schöne intensive rote Farbe beim Kochen aber leider verlieren.

Pissaladière

Für 6 Personen
Vorbereitung: 30 Minuten, im Voraus
Ruhezeit: 40 Minuten
Backzeit: 25 Minuten

Für den Teig:

300 G WEIZENMEHL, TYPE 405
1 PÄCKCHEN TROCKENHEFE (8 G)
5 ESSLÖFFEL OLIVENÖL
1 TEELÖFFEL ZUCKER
1 TEELÖFFEL FEINES MEERSALZ

Für den Belag:

700 G ZWIEBELN
500 G VOLLREIFE TOMATEN
6 KNOBLAUCHZEHEN
8 ANCHOVISFILETS, 12 SCHWARZE OLIVEN
1 ZWEIG THYMIAN, 1 LORBEERBLATT
1 TEELÖFFEL OREGANO
5 ESSLÖFFEL OLIVENÖL
SALZ, PFEFFER

1. Für den Teig den Zucker in ein Glas mit 200 ml Fassungsvermögen geben und mit 100 ml lauwarmem Wasser verrühren, bis der Zucker sich aufgelöst hat. Dann die Hefe hineinrieseln lassen, verrühren und an einem warmen Ort etwa 10 Minuten gehen lassen. Die Hefemischung muss bis an den Rand des Glases reichen.
2. Das Mehl auf die Arbeitsfläche sieben und mit dem Salz mischen. In die Mitte eine Vertiefung drücken und das Öl hineingeben. Die Hefemischung verrühren und in die Vertiefung geben.
3. Mit den Fingerspitzen von der Mitte aus alle Zutaten rasch miteinander vermischen. Dabei noch etwa 300 ml Wasser zugeben, damit ein eher weicher Teig entsteht. Diesen etwa 5 Minuten lang durchkneten, dann zudecken und an einem warmen Ort ohne Luftzug etwa 40 Minuten gehen lassen. Der Teig sollte sein Volumen etwa verdoppelt haben.
4. In der Zwischenzeit die Zwiebeln schälen und grob hacken. Die Tomaten 10 Sekunden in kochendes Wasser tauchen, dann unter fließendem, kaltem Wasser abschrecken und häuten. Die Tomaten halbieren, die Kerne entfernen und das Fruchtfleisch hacken. Eine der Knoblauchzehen schälen und in Blättchen schneiden.
5. In einer Pfanne mit hohem Rand oder einem Schmortopf 2 Esslöffel Öl erhitzen und die Zwiebeln darin in etwa 10 Minuten glasig dünsten. Die gehackten Tomaten, Knoblauch, Thymian, Lorbeer, Pfeffer und Salz zugeben. Etwa 15 Minuten bei schwacher Hitze kochen lassen, dabei häufig umrühren, dann vom Herd nehmen.
6. Den Teig leicht mit den Fingerspitzen klopfen, sodass er wieder zusammenfällt, noch einmal auf die Arbeitsfläche legen und 3 Minuten durchkneten, wie beim ersten Mal.
7. Den Backofen auf 250 °C vorheizen. Ein Pizzablech mit 30 cm Durchmesser leicht einfetten. Den Teig in die Form geben und mit eingeölten Händen auf dem Blech flach drücken. Mit einer Gabel die Zwiebelmischung bis auf einen Rand von 1 cm darauf verteilen. Die Oliven, die Anchovisfilets und die ungeschälten Knoblauchzehen hinzufügen. Mit Oregano bestreuen und das restliche Öl darüber träufeln. Die Pissaladière 25 Minuten backen, bis die Teigränder goldbraun sind.

Pissaladière ist der Name dieser Zwiebelpizza, die typisch für die Gegend um Nizza ist. Probieren Sie sie heiß, lauwarm oder kalt.

Rote Zwiebeln mit Schinkenfüllung

Für 4 Personen
Vorbereitung: 20 Minuten
Garzeit: 30 Minuten

4 rote Zwiebeln à 150 g
40 g roher Schinken
30 g Krume von süßem Weißbrot
20 g Crème fraîche
25 g frisch geriebener Parmesan
2 Blätter Salbei
1 Teelöffel trockener weißer Wermut
6 Prisen geriebene Muskatnuss
1 Teelöffel Olivenöl
Salz, Pfeffer

1. Die Zwiebeln ganz lassen und nicht schälen. In den Siebeinsatz eines Dampfkochtopfs legen und etwa 25 Minuten dämpfen, bis sie sich mit einer Messerspitze leicht einstechen lassen.
2. Den Backofen auf 150 °C vorheizen. Eine Form, die 4 Zwiebeln fasst, mit dem Öl einfetten. Das obere Drittel der Zwiebeln abschneiden und als Deckel zur Seite legen. Die Zwiebeln bis auf die beiden äußersten Schichten aushöhlen.
3. Für die Füllung die Hälfte des Inneren der ausgehöhlten Zwiebeln mit dem Schinken hacken. Mit Crème fraîche, Brotkrume, Wermut, Parmesan und fein geschnittenen Salbeiblättern, Salz, Pfeffer und Muskatnuss mischen.
4. Diese Farce in die Zwiebeln füllen und die Deckel aufsetzen. Mit 3 Esslöffeln Wasser in die feuerfeste Form setzen. Im Ofen 15 Minuten backen. Heiß oder lauwarm als Vorspeise servieren.

OREGANO

Origanum vulgare

Sein Name stammt aus dem Griechischen und bedeutet »Freude der Berge«. Oregano fühlt sich in der Höhe auf trockenen, sonnigen Böden nämlich sehr wohl. Es gibt etwa dreißig verschiedene Arten, von denen die bekannteste der Majoran ist. Er trägt kleinere Blättchen und rosafarbene Blüten und hat ein durchdringendes, leicht pfeffriges, aber doch sanftes Aroma.

Frisch lässt sich Oregano wie jedes andere Gartenkraut fein geschnitten in Salaten oder zu Tomaten verwenden, die man im Sommer auch mit den kleinen weißen oder rosafarbenen Blüten bestreuen kann. Getrocknet gehört Oregano auf jede Pizza und in alle klassischen Tomatensaucen. In heißen und sonnigen Ländern wie Italien und Griechenland entfaltet sich sein schweres Aroma am besten.

Oregano wächst auch leicht in Töpfen auf sonnigen Balkonen. Wenn der Sommer zu Ende geht, schneidet man die Zweige ab und bindet kleine Sträuße, die man an einem trockenen, luftigen Ort trocknen lässt. Später kann man die Blättchen dann abstreifen und in einem Glas aufbewahren, um einen Hauch Sommer in die winterliche Küche zu retten.

Kalmarsalat mit Oregano

Für 4 Personen
Vorbereitung und Garzeit: 30 Minuten

1,5 KG KLEINE KALMARE
1 STAUDE SELLERIE MIT BLÄTTERN
1 ROTE PAPRIKASCHOTE VON 250 G
2 ESSLÖFFEL SHERRYESSIG
4 ESSLÖFFEL FRUCHTIGES OLIVENÖL
6 PRISEN SCHARFER PAPRIKA, GEMAHLEN
1 ESSLÖFFEL OREGANO
SALZ, PFEFFER

1. Die Köpfe der Kalmare entfernen, indem man sie vorsichtig aus den Körperbeuteln zieht. Das Innere aus den Körperbeuteln entfernen. Den Rogen oder die Milch aufbewahren, sie schmecken sehr gut. Von den Köpfen nur die Tentakel aufheben. Die Körperbeutel in fingerdicke Ringe schneiden. Die Tentakel und die Ringe waschen, dann in einem Sieb abtropfen lassen.
2. Die Kalmarstücke in einen beschichteten Schmortopf geben. Auf großer Flamme unter Rühren 5 Minuten anbraten, bis keine Flüssigkeit mehr im Topf ist. Den Essig zu den Kalmaren gießen und unter Rühren verdampfen lassen. Die Kalmare in eine große Schüssel füllen.
3. Den Sellerie waschen, abtropfen lassen und in feine Streifen schneiden, die Blätter hacken. Die Paprikaschote mit einem Sparschäler schälen, dann längs vierteln. Dabei die Kerne und die weißen Innenrippen entfernen und jedes Viertel quer in 2 mm breite Streifen schneiden.
4. Sellerie und Paprika zu den Kalmaren geben. Mit Oregano, Salz, Pfeffer und Paprikapulver würzen. Das Öl gut untermischen. Den Salat lauwarm servieren oder vor dem Essen 1 Stunde kühl stellen.

Eingelegte Auberginen

mit Minze und Oregano

Für 4 bis 6 Personen
Vorbereitung: 10 Minuten
Garzeit: 10 Minuten
Marinierzeit: 24 Stunden

12 kleine, längliche Auberginen
1/2 Liter milder Essig
4 Knoblauchzehen
1 Esslöffel getrockneter Oregano
16 Blättchen getrocknete Minze
4 Stengel frische Minze
4 Stengel frischer Oregano
100 ml Olivenöl
1 Esslöffel grobes Meersalz

1. Die Auberginen kreuzweise von unten nach oben bis 1 cm vor dem Stengelansatz einschneiden.
2. In einem Topf 1 Liter Wasser mit dem Essig und dem groben Salz zum Kochen bringen. Die Auberginen hineingeben und etwa 10 Minuten kochen lassen. Sie sollten noch etwas fest sein.
3. Die Auberginen in einem Sieb gut abtropfen lassen und in eine Schüssel legen.
4. Die Knoblauchzehen schälen und in feine Blättchen schneiden. Das Öl mit dem Knoblauch, den getrockneten Minzeblättchen und dem getrockneten Oregano mischen.
5. Die Auberginen mit dem gewürzten Öl mischen und 24 Stunden darin marinieren lassen.
6. Unmittelbar vor dem Servieren die Auberginen noch einmal in der Marinade wenden und mit frischer Minze und frischem Oregano garnieren.

Probieren Sie die Auberginen als kleine Vorspeise oder als Beilage zu kaltem Fleisch oder Fisch.

MOHN

Papaver somniferum

Die kleinen dunklen Mohnsamen, die wir in unserer Küche verwenden, sind die Samen des Schlafmohns. Wenn man die grünen Mohnkapseln anritzt, tritt ein weißer Saft aus, der gerinnt und durch den Kontakt mit Luft braun wird: Das ist das reine Opium. Die Pflanze wird bis zu 80 cm hoch und blüht weiß, rosa, orange, rot oder lila. Die Samen gewinnt man aus der Kapsel, aus der Frucht also, die im unreifen Zustand zur Opiumgewinnung dient. Eine reife Mohnkapsel enthält bis zu dreißigtausend Samen. Diese Kapseln werden mit ihrem Stengel gepflückt und dann in Sträußen gebündelt getrocknet.

Es gibt neben den uns bekannten blaugrauen auch senffarbene Samen, die in Indien zum Beispiel für Currys verwendet werden, und braunen Mohn; er ist vor allem in der Türkei weit verbreitet. Für die europäische Küche sind die blaugrauen Mohnsamen typisch. Sie sind klein und rund, knackig und leicht süß und werden weich, wenn man sie in einer Flüssigkeit quellen lässt. Meistens verwendet man die Mohnsamen ganz. Ihr Aroma wird noch intensiver, wenn man die Samen trocken röstet oder mahlt. Dann entströmt ihnen ein zartes Nussaroma. Aus Mohnsamen gewinnt man übrigens auch ein geruchloses Öl, das Mohnöl.

In Laos und Thailand, wo der Mohn vornehmlich angebaut wird, um Opium zu gewinnen, werden die jungen Blätter der Pflanze wie Spinat gekocht und als Suppe oder Gemüse verwendet.

Carpaccio vom Thunfisch im Mohnmantel

Für 6 Personen
Vorbereitung: 15 Minuten, 1 Stunde im Voraus

1 THUNFISCHFILET VON 800 G
4 ESSLÖFFEL MOHNSAMEN
1 ESSLÖFFEL ZERSTOSSENER PFEFFER
FEINES MEERSALZ
OLIVENÖL
ZITRONENSAFT

1. Ein längliches Filetstück aus einem großen Thunfisch vom Fischhändler parieren, also Haut und Gräten entfernen lassen. Waschen und trockentupfen.
2. Den zerstoßenen Pfeffer mit den Mohnsamen vermischen. Den Thunfisch in dieser Mischung wälzen. Kräftig drücken, damit die Körnchen am Fisch haften bleiben. Das Filet eng in Frischhaltefolie einwickeln und im Gefrierfach 1 Stunde anfrieren lassen.
3. Anschließend das Thunfischfilet mit einem sehr scharfen Messer, am besten einem Lachsmesser, in hauchdünne Scheiben schneiden.
4. Die Thunfischscheiben auf sechs Tellern verteilen, mit Salz bestreuen, Olivenöl und einige Tropfen Zitronensaft darüber träufeln. Sofort servieren.

Reichen Sie zu diesem Carpaccio einen Raukesalat und kleine Mohnbrötchen.

Mohntörtchen

Für 6 Personen
Vorbereitung: 15 Minuten, 3 Stunden im Voraus
Backzeit: 25 Minuten

400 G MÜRBTEIG

250 G BLAUMOHN

150 G APRIKOSENKONFITÜRE

75 G ROSINEN

50 G BRÖSEL VON PLÄTZCHEN

ABGERIEBENE SCHALE VON 1 UNBEHANDELTEN ZITRONE

1 EIGELB

Zum Fetten der Formen:

1 STÜCKCHEN BUTTER

1. Den Mohn in eine große Schüssel geben und mit reichlich kaltem Wasser bedecken. 3 Stunden quellen lassen.
2. Anschließend den Backofen auf 200 °C vorheizen. Den Teig 2 mm dick ausrollen. Sechs Tartelettförmchen buttern und mit dem Teig auslegen.
3. Die Konfitüre durch ein Sieb oder Passiergerät in einen Topf streichen, um die Schalen zu entfernen. Bei schwacher Hitze leicht erwärmen und vom Herd nehmen. Den Mohn abtropfen lassen, mit Rosinen, Plätzchenbröseln, Eigelb und Zitronenschale zu der Konfitüre geben. Alles gut miteinander vermischen.
4. Die Mohnmasse auf die Tartelettförmchen verteilen. Etwa 25 Minuten backen, bis der Teig goldbraun ist. Aus dem Backofen nehmen und die Törtchen 5 Minuten ruhen lassen, bevor man sie aus den Formen nimmt. Die Mohntörtchen auf einem Kuchenrost abkühlen lassen und bei Zimmertemperatur servieren.

PFEFFERSCHOTEN

Capsicum annuum / Capsicum frutescens

»Auf jenen Inseln wachsen Büsche, die so ähnlich aussehen wie Rosensträucher. Sie tragen Früchte so lang wie Zimtstangen, in denen kleine Kerne sitzen, die scharf sind wie Pfeffer. Die Inselbewohner und die Inder essen sie wie wir Äpfel.« Dies schrieb der Botaniker, der Christoph Kolumbus bei seiner zweiten Expedition zu den Antillen begleitete. Tatsächlich verbreiteten Spanier und Portugiesen die Pfefferschoten, die ursprünglich aus den Anden stammen, in der ganzen Welt und natürlich auch in ihren jeweiligen Heimatländern, wo die neuen Gewürzpflanzen erstaunlich rasch heimisch wurden.

Archäologen behaupten, in Mexiko würden Chilischoten seit mehr als 9000 Jahren gegessen und seit sechs Jahrtausenden angebaut. Chilischoten und Paprika vertragen keinen Frost und gedeihen nur in tropischen Gegenden oberhalb von 2000 Metern wirklich gut. *Capsicum frutescens* und *Capsicum annuum* stammen von derselben Art ab. Ersterer ist eine Staude, die ein bis zwei Meter hoch wird und etwa zwei Zentimeter lange, extrem scharfe Früchte trägt, den Cayennepfeffer. *Capsicum annuum* hingegen wird nur etwa fünfzig Zentimeter hoch. Größe und Farbe der Früchte variieren sehr. Sie können fünf, aber auch fünfzehn Zentimeter lang werden und von Zartgrün über Leuchtendgrün, Gelb, Orange, Rot bis Dunkelviolett alle Farben annehmen. Diese einjährige Pflanze kann ganz mild schmeckende, aber auch höllisch scharfe Früchte hervorbringen.

Um die Schärfe zu bestimmen, misst man auf einer Skala die Konzentration von Capsaicin, einer öligen, nicht wasserlöslichen Substanz, die auch durch Kochen ihre Schärfe nicht verliert. Die Skala misst zum Beispiel beim Gemüsepaprika, der keinerlei Schärfe hat, 0 Einheiten Scoville. Sie reicht aber bis zu 300.000 Einheiten Scoville, einem Schärfegrad, der nur bei *habanero*, einer Chilisorte von den Antillen, gemessen wird. Chillies schmecken aber nicht nur scharf, sie besitzen außerdem je nach Sorte einen ganz unterschiedlichen Geschmack. Und die Sorten variieren von Land zu Land: Denken wir an mexikanische Chillies wie *serrano*, *jalapeño*, *poblano*, *ancho* oder *cascabel*, an spanische wie *nora*, *morron* oder *guinilla* oder an asiatische, von denen die schärfste Sorte, *lombok*, in Indonesien zu Hause ist.

In Frankreich ist die bekannteste Pfefferschote der *piment d'Espelette*. Kolumbus hat sie mitgebracht. In der baskischen Kleinstadt Espelette wurde sie heimisch, und jedes Jahr im Herbst wird ihr ein großes Fest bereitet.

Rindfleischsalat auf thailändische Art

Für 4 Personen
Vorbereitung und Garzeit: 30 Minuten

2 SCHEIBEN MAGERES RINDFLEISCH À 250 BIS 300 G, ETWA
2 CM DICK: RUMPSTEAK, FLANKE ODER FALSCHES FILET
4 JUNGE ZWIEBELN, 1 KLEINE GURKE
1 KLEINER SALATKOPF
2 FRISCHE CHILISCHOTEN
ABGERIEBENE SCHALE VON 1 UNBEHANDELTEN ZITRONE
2 TEELÖFFEL LIMETTENSAFT
1 KNOBLAUCHZEHE, 1 ESSLÖFFEL ZUCKER
1 ESSLÖFFEL NAM PLA (THAILÄNDISCHE FISCHSAUCE)
2 ESSLÖFFEL SOJASAUCE

1. Die Chilischoten waschen und fein hacken. Die Kerne und Stielansätze dabei entfernen. Die Zwiebeln schälen, abspülen und hacken. Die Salatgurke bis auf einige Streifen schälen und in feine Scheiben schneiden. Den Salat waschen und trockenschleudern. Alles zur Seite stellen.
2. Für die Sauce die Knoblauchzehe schälen und durch die Knoblauchpresse in eine Salatschüssel drücken. Limettensaft, Zitronenschale, Zucker, Nam pla und Sojasauce zugeben. Rühren, bis der Zucker sich aufgelöst hat.
3. Die Rindfleischscheiben in einer beschichteten Pfanne von jeder Seite $1^1/_2$ Minuten anbraten. Abkühlen lassen und in 3 mm dicke Streifen schneiden, diese in fingerbreite und etwa 3 cm lange Stücke teilen.
4. Die Fleischstreifen mit der Sauce in der Salatschüssel gut vermischen.
5. Den Salat und die Gurkenscheiben auf vier Teller verteilen. Das Fleisch und die Sauce darauf arrangieren. Mit den Zwiebeln und den Chilischoten anrichten und sofort servieren.

Der Salat lässt sich leicht abwandeln, wenn man das Fleisch durch ausgelöste gedämpfte oder kurz in kochendes Wasser getauchte Gambas ersetzt. In diesem Fall den Salat lauwarm servieren.

Marinierte Anchovis

auf geröstetem Brot

Für 4 Personen. Vorbereitung: 30 Minuten
Marinierzeit: 1 bis 3 Stunden

12 FRISCHE ANCHOVIS
1 KNOBLAUCHZEHE, 3 ESSLÖFFEL ZITRONENSAFT
4 ESSLÖFFEL OLIVENÖL
SALZ, PFEFFER

Für das Röstbrot:

4 SCHEIBEN LANDBROT, 1 CM DICK GESCHNITTEN
1 GEGRILLTE PAPRIKASCHOTE, IN STREIFEN GESCHNITTEN
2 KNOBLAUCHZEHEN, 1 REIFE TOMATE
FRISCHES BASILIKUM
6 PRISEN CAYENNEPFEFFER
2 ESSLÖFFEL OLIVENÖL

1. Die Anchovis vom Fischhändler filetieren lassen.
2. Für die Marinade die Knoblauchzehe schälen und durch die Knoblauchpresse in eine kleine Schüssel drücken. Den Zitronensaft und das Olivenöl zugeben und mit einer Gabel verschlagen. Salzen und pfeffern.
3. In eine Glasschale, in die die Filets gerade hineinpassen, 1/3 der Marinade geben. Die Filets mit der Hautseite nach unten hineinlegen. Die restliche Marinade darüber gießen und die Anchovis 1 bis 3 Stunden kühl stellen.
4. Die Anchovis abtropfen lassen. Die Knoblauchzehen schälen und halbieren.
5. Die Brotscheiben anrösten und mit Knoblauch einreiben. Die Tomate halbieren und das Brot damit einreiben. Auf jede Scheibe Anchovisfilets und Paprikastreifen legen. Mit Olivenöl beträufeln und Cayennepfeffer darüber streuen. Mit Basilikumblättern anrichten und sofort servieren.

Guacamole

Für 4 Personen
Zubereitung: 15 Minuten

2 REIFE MEXIKANISCHE AVOCADOS
1 FRISCHE ZWIEBEL
1 TOMATE
1 FRISCHE CHILISCHOTE
6 STENGEL FRISCHER KORIANDER
SALZ

1. Die Tomate 10 Sekunden in kochendes Wasser tauchen und unter fließendem, kaltem Wasser abschrecken, häuten, halbieren, die Kerne entfernen und das Fruchtfleisch fein hacken. Die Zwiebel schälen und hacken.
2. Die Chilischote waschen und fein hacken, die Kerne und den Stengelansatz dabei entfernen. Den Koriander ebenfalls fein hacken.
3. Die Avocados halbieren und die Kerne entfernen. Das Fruchtfleisch aus der Schale lösen, salzen und mit einer Gabel zerdrücken.
4. Alle Zutaten vermischen. Einen Avocadokern zugeben, damit die Masse nicht schwarz wird. Sofort servieren oder mit Frischhaltefolie abgedeckt im Kühlschrank aufbewahren.

Harissa

Für etwa 300 g Harissa
Zubereitung: 20 Minuten

100 g frische, rote Chilischoten
100 g reife Tomaten
4 Knoblauchzehen
12 Stengel frische Minze
12 Stengel frischer Koriander
1 Teelöffel Kümmelsamen
1 Teelöffel Kreuzkümmelsamen
1 Teelöffel Weinessig
4 Esslöffel Olivenöl
1/2 Teelöffel feines Meersalz

1. Kümmel- und Kreuzkümmelsamen in einer beschichteten Pfanne trocken anrösten, bis sie beginnen zu springen. Die Pfanne vom Herd nehmen, die Samen abkühlen lassen und in einem Mörser grob zerstoßen.
2. Die Tomaten 10 Sekunden in kochendes Wasser tauchen, dann unter fließendem, kaltem Wasser abschrecken, häuten, halbieren und die Kerne entfernen. Das Fruchtfleisch fein hacken.
3. Die Minze und den Koriander waschen und die Blättchen fein hacken. Die Chilischoten waschen, trockentupfen und fein hacken; dabei Kerne und Stengelansätze entfernen.
4. Die Knoblauchzehen schälen und durch die Knoblauchpresse in eine kleine Schüssel drücken. Tomaten, Chilischoten, Minze und Koriander, dann Kümmel, Kreuzkümmel und Salz zugeben. Das Öl und den Essig hinzufügen und vermischen.

Man kann dieses Harissa gleich servieren. Es lässt sich aber auch im Kühlschrank in einem gut verschlossenen Glas ungefähr einen Monat aufbewahren.

Paprikás

Für 2 bis 3 Personen. Vorbereitung: 15 Minuten
Garzeit: 5 Minuten

300 g Fleisch, in feine Streifen geschnitten oder gehackt, vom Huhn, Rind oder Lamm
150 g Zwiebeln
1 rote Paprikaschote (100 g), 1 Knoblauchzehe
50 g Tomatenpüree
1 Esslöffel ungarisches Paprikapulver
2 Prisen Cayennepfeffer
1 Teelöffel gemahlener Kreuzkümmel
2 cremige Vollmilchjogurt à 125 g
1 Prise Kartoffel- oder Maisstärke
3 Prisen Zucker
1 Esslöffel Erdnussöl, Salz, Pfeffer

1. Die Zwiebeln schälen und hacken. Die Knoblauchzehe schälen. Die Paprikaschote mit einem Sparschäler schälen, dann vierteln, die Kerne und die weißen Rippen entfernen und quer in 2 mm breite Streifen schneiden.
2. Das Öl in einer beschichteten Pfanne erhitzen. Die Zwiebeln und 1 Esslöffel Wasser hineingeben, alles etwa 3 Minuten unter Rühren andünsten, dann die Paprikaschote zugeben und noch einmal 3 Minuten lang verrühren. Die Knoblauchzehe durch die Knoblauchpresse in die Pfanne drücken, dann Fleisch, Kreuzkümmel, Paprikapulver, Cayennepfeffer, Salz, Zucker und Pfeffer zugeben und 3 Minuten lang rühren. Anschließend das Tomatenpüree untermischen.
3. Die beiden Jogurts mit der Stärke glatt rühren. Ebenfalls in die Pfanne geben und alles 6 Minuten kochen lassen. Dabei häufig umrühren, bis das Fleisch von einer dicken Sauce überzogen ist. Sofort servieren oder später aufwärmen.

Garnelenpfanne
mit Lampionchillies

Für 4 Personen
Vorbereitung: 15 Minuten. Garzeit: 10 Minuten

500 g gekochte, geschälte Garnelen
400 g reife Tomaten, 250 g Zwiebeln
100 g frischer Ingwer
1 Esslöffel fein geschnittenes thailändisches Basilikum
1 Esslöffel Erdnussöl
2 Lampionchillies, Salz, Pfeffer

1. Den Ingwer schälen und grob raspeln. Die Tomaten 10 Sekunden in kochendes Wasser tauchen, dann unter fließendem, kaltem Wasser abschrecken, häuten und halbieren; die Kerne entfernen und das Fruchtfleisch hacken. Die Zwiebeln schälen und fein hacken.
2. Die Zwiebeln in einer beschichteten Pfanne mit dem Öl und 2 Esslöffeln Wasser bei mäßiger Hitze 4 bis 5 Minuten andünsten, bis die ganze Flüssigkeit in der Pfanne verdampft ist und die Zwiebeln hellgelb sind. Den Ingwer 1 Minute unterrühren. Dann das Fruchtfleisch der Tomaten, Salz und Pfeffer zugeben und bei starker Hitze 2 Minuten kochen lassen. Die Garnelen zugeben. Etwa 30 Sekunden lang vermischen, gerade genug, um die Garnelen zu erwärmen. Wenn sie noch einmal kochen, werden sie hart.
3. Die Garnelen in eine Schüssel geben, mit dem fein geschnittenen Basilikum bestreuen und sofort servieren. Die halbierten oder in Ringe aufgeschnittenen Lampionchillies dazu reichen: Jeder kann seine Garnelen mehr oder weniger großzügig damit würzen.

Reichen Sie zu diesem Gericht als Beilage Reis. Man kann alle Arten von Garnelen verwenden: Krabben, Gambas, Scampi oder Shrimps.

Blattgemüse aus der Pfanne
mit Vogelaugenchillies

Für 4 Personen
Vorbereitung und Garzeit: 20 Minuten

600 g Mangoldblätter oder junger Spinat
6 Zehen frischer Knoblauch
2 Vogelaugenchillies
1 Esslöffel Pinienkerne
1 Esslöffel Korinthen
1 Esslöffel Olivenöl, Salz

1. Die Stengel des Mangolds oder des Spinats bis auf 3 cm abschneiden. Das Gemüse mehrmals gründlich waschen, dann in eine Schüssel geben, ohne es vollständig abtropfen zu lassen. Den Knoblauch schälen und in 2 mm dicke Stifte schneiden. Die Chillies in einem Mörser leicht zerreiben.
2. Die Pinienkerne in einer schweren Pfanne trocken anrösten.
3. Den Knoblauch mit dem Öl und den zerriebenen Chillies in einer Pfanne erhitzen und hellgelb andünsten. Das Gemüse und die Korinthen zugeben und salzen. Bei großer Hitze etwa 5 Minuten garen; dabei die ganze Zeit mit zwei Rührlöffeln vorsichtig wenden, bis die gesamte Flüssigkeit in der Pfanne verdampft ist und das Gemüse zusammenfällt. Wenn man dieses empfindliche Gemüse länger kocht, verliert es seinen Geschmack. Die Pinienkerne zugeben, untermischen und das Gemüse sofort servieren.

Dies ist eine sommerliche Beilage zu Fisch, Fleisch und Geflügel.

PIMENT

Pimenta dioica

Der Pimentbaum stammt aus Jamaika. Kolumbus brachte seine Beeren mit nach Europa. Er hatte sie mit Pfeffer verwechselt, weshalb Piment bis heute bei uns auch Nelkenpfeffer genannt wird. Der Pimentbaum ist ein Myrtengewächs mit immergrünen, ledrigen Blättern. Aus ihm wird auch das Vanillin, der Ersatzstoff für die echte Vanille, gewonnen. Die Engländer nannten das Gewürz *all spices,* »alle Gewürze« – ein Name, den der Piment in Großbritannien bis heute trägt. Auch bei uns ist er übrigens unter dem Namen »Allgewürz« bekannt. Vergebens versuchten englische Siedler, die Pflanze in anderen tropischen Gegenden heimisch zu machen, die Bäume trugen niemals Früchte.

Im Sommer hüllt sich der Baum in ein Kleid aus kleinen, weißen Blüten, die stark duften und aus denen sich grüne Beeren entwickeln. Diese erntet man von Hand, bevor sie reif sind. Dann werden sie fünf oder sechs Tage lang in der Sonne getrocknet, bis sie schrumplig werden und eine braunrote Farbe annehmen. Sie duften sehr intensiv, erinnern ein wenig an Pfeffer, Zimt, Muskatnuss und Gewürznelken – daher wohl der Name »Allgewürz«. Piment passt wunderbar zu herzhaften Gerichten, wo er anstelle von Pfeffer verwendet werden kann, aber ebenso zu Plätzchen, Obstkompott und anderen Desserts. Würzen Sie mit ein paar Beeren zum Beispiel eine Fleisch- oder Fischbouillon, einen Eintopf oder verschiedene Marinaden – und geben Sie einige Pimentkörner mit in die Pfeffermühle.

Mangochutney

Für 4 Personen
Vorbereitung: 20 Minuten
Garzeit: 25 Minuten

2 reife Mangos à 300 g
100 ml milder Essig
1 unbehandelte Limette
25 g frischer Ingwer
1 Vogelaugenchili
24 Pimentkörner
1 Stange Zimt
3 Gewürznelken
125 g Zucker

1. Die Mangos schälen, vom Kern lösen und in 1,5 cm große Würfel schneiden. Die Limette waschen, Schale und Fruchtfleisch fein hacken. Den dabei austretenden Saft auffangen. Den Ingwer schälen und in feine Stifte schneiden. Die Chilischote vierteln.
2. Das Fruchtfleisch der Mangos in einen Topf aus Edelstahl geben. Limette, Ingwer, Chili, Piment, Zimt, Nelken, Essig und Zucker zugeben.
3. Den Topf bei mäßiger Hitze aufsetzen und die Mischung etwa 25 Minuten kochen lassen, dabei häufig umrühren. Dann vom Feuer nehmen und abkühlen lassen.

Das Chutney lässt sich in einem verschlossenen Gefäß mehrere Monate lang im Kühlschrank aufbewahren.
Es passt zu allen Currys, aber auch zu kaltem Braten, hellem Fleisch und gegrilltem Geflügel.

Eingemachtes Kaninchen

mit Piment, Thymian und Lorbeer

Für 6 Personen
Vorbereitung: 30 Minuten, 6 Stunden im Voraus
Garzeit: 2 Stunden 30 Minuten

1 Kaninchen von 1,4 kg, in 10 Stücke geteilt
700 g Gänseschmalz
8 Knoblauchzehen
24 Pimentkörner
6 Lorbeerblätter
1 Esslöffel Thymianblüten
1 Esslöffel Pfefferkörner in verschiedenen Farben
1 Esslöffel zerstossener Pfeffer
2 Esslöffel grobes Meersalz
Erdnussöl

1. Die Kaninchenteile waschen und trockentupfen. Mit Öl bestreichen und in dem groben Salz mit dem zerstoßenen Pfeffer wälzen. 6 Stunden durchziehen lassen.
2. Den Backofen auf 100 °C vorheizen. Die Kaninchenteile erneut abspülen und trockentupfen. Mit den ungeschälten Knoblauchzehen, Piment, Pfefferkörnern, Thymian und Lorbeerblättern in einen ovalen Topf geben.
3. Das Gänseschmalz schmelzen und in den Topf zu den anderen Zutaten geben. Im Ofen 2 Stunden und 30 Minuten garen.
4. Das Kaninchenfleisch sollte danach zart und weiß sein und sich leicht von den Knochen lösen lassen. Die Kaninchenteile abtropfen lassen und lauwarm servieren.

Reichen Sie dazu Raukesalat. Sie können die Kaninchenteile auch am Ende der Garzeit kurz grillen.

PFEFFER

Piper nigrum

Der König unter den Gewürzen, ebenso unerlässlich wie das Salz, ist natürlich der Pfeffer. Man muss lernen, ihn auszuwählen, richtig aufzubewahren und zu verwenden. Schwarzer, weißer und grüner Pfeffer sind Früchte eines einzigen tropischen Kletterstrauchs, *Piper nigrum,* der in den Wäldern Indiens und Ostasiens wild wächst. Heute wird er auch in anderen tropischen Ländern angebaut. Seine kleinen, sternförmigen Blüten wachsen zu Kätzchen angeordnet und entwickeln duftende Beeren mit scharfem Geschmack. Pflückt man diese noch grün, dann sind sie so zart und fein würzig, dass man die frischen Pfefferkörner sogar ganz essen kann. Gefriergetrocknet kommen sie bei uns in den Handel. Doch so behandelt verlieren sie viel von ihrem Geschmack und sind äußerst zerbrechlich, sodass man sie gar nicht mahlen kann: Man muss sie zerstoßen. Pflückt man die Pfefferkörner etwas reifer, wenn sie gelb sind, lässt man sie anschließend trocknen. Dann werden sie runzlig und schwarz und ergeben den schwarzen Pfeffer: fruchtig, holzig und scharf im Geschmack. Reif sind die Früchte der Pfefferpflanze rot, und ihr Kern hat sich verdoppelt. Man streift die Hülle, die den Kern umgibt, ab und erhält den weißen Pfeffer: weniger scharf, zart blumig und etwas holzig im Aroma.

Auch andere Gewürze werden manchmal als »Pfeffer« bezeichnet, wie der leuchtend gefärbte, aber zerbrechliche »rosa Pfeffer« mit dem bittersüßen Aroma. Diese Beeren sind jedoch kein echter Pfeffer, sondern stammen von einem Baum aus den Bergregionen Lateinamerikas, dem *Schinus terebinthifolius.* Dann gibt es den Sichuanpfeffer, der ebenfalls nichts mit dem echten Pfeffer zu tun hat. Es handelt sich um die getrockneten Beeren eines chinesischen Baums. Sie haben ein zartes Aroma, das an Anis und getrocknete Orangenschale erinnert, und schmecken sehr mild. Zu nennen wäre außerdem der Kubebenpfeffer aus Madagaskar, eine weiche, runde Beere mit einem kleinen Stengel, sehr fruchtig im Geschmack, und der Lange Pfeffer, dessen zweieinhalb Zentimeter lange »Körner« leicht gräuliche, harte Kätzchen sind, die etwas zuckrig schmecken und nur wenig Aroma haben.

Will man die richtige Sorte Pfeffer finden, so muss man ihn riechen und probieren. Sein Aroma muss sich im Mund entfalten, schwer und lange auf der Zunge bleiben, ohne allzu sehr zu stechen. Am bemerkenswertesten ist wahrscheinlich der javanische Pfeffer. Wenn man ihn erwärmt, entströmt ihm ein wuchtiges Weihraucharoma.

Rösten Sie Pfefferkörner wie in Indien erst in der trockenen Pfanne an, bevor Sie die Körner mahlen oder als zerstoßenen Pfeffer zusammen mit feinem Meersalz auf den Tisch bringen.

Peposo

Für 6 Personen
Vorbereitung: 10 Minuten. Garzeit: 5 Stunden

1,5 KG OBERSCHALE VOM RIND
400 G GEHACKTES FRUCHTFLEISCH VON TOMATEN
12 KNOBLAUCHZEHEN
1 ESSLÖFFEL FEIN ZERSTOSSENER PFEFFER
1 TEELÖFFEL FEINES MEERSALZ
2 PRISEN ZUCKER
300 ML ITALIENISCHER ROTWEIN:
CHIANTI ODER BARBERA D'ASTI

1. Das Rindfleisch in 2 cm große Würfel schneiden. Die Knoblauchzehen schälen und in feine Scheiben schneiden. Das Fleisch in einen gusseisernen Topf geben, 200 ml Wasser, das Fruchtfleisch der Tomaten, Knoblauch, Pfeffer, Salz und Zucker zugeben. Vermischen und zudecken.
2. Den Backofen auf 125 °C einstellen. Den Topf hineinschieben und 2 1/2 Stunden garen, ohne den Topf zu öffnen.
3. Anschließend den Wein zugeben, verrühren und alles noch einmal 2 1/2 Stunden garen.
4. Nach diesen insgesamt 5 Stunden Garzeit ist das Fleisch ganz weich und fast völlig zerfallen. Sofort im Topf servieren.

Reichen Sie dazu Polenta oder frische in Butter geschwenkte Nudeln.

Rosa Garnelen

mit Pfeffer und Salz

Für 4 Personen. Vorbereitung und Garzeit: 5 Minuten

300 G GARNELEN

1 ESSLÖFFEL FEIN ZERSTOSSENER PFEFFER

1 TEELÖFFEL FEINES MEERSALZ

2 ESSLÖFFEL OLIVENÖL

1. Das Salz und den Pfeffer in eine beschichtete Pfanne geben. Erhitzen, bis die Gewürze anfangen in der Pfanne zu springen.
2. Die Garnelen in die Pfanne geben und kurz erhitzen; dabei ständig wenden.
3. Das Öl darüber träufeln, einige Sekunden weiterrühren und sofort auftragen.

Reichen Sie dazu Landbrotscheiben mit gesalzener oder ungesalzener Butter.

Frischer Ziegenkäse

mit Fenchel und Sichuanpfeffer

Für 4 Personen
Zubereitung: 15 Minuten

4 KLEINE, FRISCHE ZIEGENKÄSE

2 FENCHELKNOLLEN

100 G KERNE VON FRISCHEN DICKEN BOHNEN, ENTHÄUTET

100 ML SEHR FRUCHTIGES OLIVENÖL

1 ESSLÖFFEL SICHUANPFEFFER

SALZ

1. Den Ziegenkäse auf vier Tellern anrichten und den Sichuanpfeffer darüber streuen. Leicht salzen und mit Olivenöl beträufeln.
2. Die äußeren Blätter der Fenchelknollen entfernen. Dann die Knollen mit einem Gemüsehobel in ganz feine Scheiben schneiden. Die Fenchelscheiben in eine mit kaltem Wasser gefüllte Schüssel geben, anschließend abtropfen lassen.
3. Den Fenchel rund um den Käse anrichten, mit den Bohnenkernen garnieren und sofort servieren.

Reichen Sie den Ziegenkäse als Vorspeise mit frisch geröstetem Landbrot. So serviert Küchenchef Alain Ducasse den Käse in seinem Restaurant »Le Louis XV« in Monte Carlo.

QUATRE ÉPICES

Im Laufe der Jahrhunderte wurden die verschiedensten Gewürzmischungen erfunden, aber nur wenige überdauerten die Zeiten. Dazu gehören die Quatre épices, die »vier Gewürze«. Man mischt gewöhnlich Pfeffer, Muskatnuss, Gewürznelken und Ingwer; Piment und Zimt können hinzukommen. Carême, berühmter Koch des nicht minder berühmten Talleyrand, gab außerdem Zimt, Lorbeerblatt und Muskatblüte zu. Und *The English Housekeeper* empfahl im 19. Jahrhundert den »Küchenpfeffer«, der zu gleichen Teilen aus Ingwer, Muskatnuss, schwarzem Pfeffer, Piment, Gewürznelken und Zimt bestand.

Quatre épices ist ein braunes Pulver mit elegantem Aroma, in dem der Pfeffer dominiert, es ist typisch für die französische Küche. Man verwendet es zum Würzen von verschiedenen Wurstsorten, Bouillon oder Schmorgerichten. Doch auch Desserts wie Obstkompott oder ein Plätzchenteig erhalten durch eine kleine Prise Quatre épices ein wundervolles Aroma.

Marmorierte Foie gras

Für 4 Personen
Vorbereitung: 30 Minuten
Garzeit: 5 Minuten, 3 Tage im Voraus

1 ROHE ENTENSTOPFLEBER VON 600 G
1 ESSLÖFFEL QUATRE ÉPICES
1 ESSLÖFFEL WEIZENMEHL, TYPE 405
1 TEELÖFFEL ZUCKER
1 TEELÖFFEL FEINES MEERSALZ

1. Die Leber mindestens 1 Stunde im Kühlschrank durchkühlen lassen, da sie zur Zubereitung sehr kalt sein muss.
2. Die Quatre épices mit dem Mehl, dem Zucker und dem Salz auf einem Teller mischen.
3. Die gut durchgekühlte Leber schräg in Scheiben von 1,5 cm Stärke aufschneiden und in der Würzmischung wenden. Überschüssiges Gewürz mit einem Pinsel entfernen.
4. Die Leberscheiben in einer beschichteten Pfanne von jeder Seite 40 Sekunden bei mäßiger Hitze anbraten. Das Fett, das dabei austritt, in einer kleinen Schüssel sammeln.
5. Die gebratenen Leberscheiben in einer rechteckigen Terrinenform von 15 cm Länge anrichten. Das Fett darüber gießen. Die Terrine zudecken und vor dem Servieren 3 Tage in den Kühlschrank stellen.

Kleine Tintenfische in gesalzener Butter

Für 2 Personen
Vorbereitung: 10 Minuten
Garzeit: 20 Minuten

500 G KLEINE TINTENFISCHE
1 SCHALOTTE
1 ESSLÖFFEL COGNAC
50 G GESALZENE BUTTER
1/4 TEELÖFFEL QUATRE ÉPICES
1 ESSLÖFFEL FEIN GESCHNITTENE PETERSILIE

1. Die Tintenfische vorbereiten: Die Körperbeutel vom Kopf trennen, indem man vorsichtig zieht. Dann leeren sich die Körperbeutel, die Knochen und der Kopf kommen heraus. Vom Kopf nur die Tentakel behalten. Die Körperbeutel in 3 cm große Quadrate schneiden. Zusammen mit den Tentakeln waschen und in einem Sieb abtropfen lassen. Die Schalotte schälen und fein hacken.
2. Die Hälfte der Butter in einer beschichteten Pfanne mit hohem Rand schmelzen. Die Schalotte mit 1 Esslöffel Wasser hineingeben. Auf großer Flamme 3 Minuten andünsten, bis die Schalotte hellgelb ist. Den vorbereiteten Tintenfisch zugeben und 20 Minuten bei schwacher Hitze garen, bis das Fleisch weich und die Flüssigkeit verdampft ist. Während der Garzeit die Quatre épices zugeben.
3. Wenn der Tintenfisch gar ist, die restliche Butter und den Cognac zugeben, vermischen, mit Petersilie bestreuen und sofort servieren.

Reichen Sie dazu Reis oder Bulgur.

RAS EL HANOUT

Ras el hanout ist eine typisch marokkanische Gewürzmischung. Der Name bedeutet »Chef des Hauses«. Tatsächlich mischt jeder Gewürzhändler die Zutaten nach seinem Geheimrezept. Sehr viele verschiedene Zutaten gehören hinein – Kreuzkümmel auf jeden Fall –, doch auch ein oder mehrere Aphrodisiaka wie zum Beispiel das Pulver der Spanischen Fliege, einer Käferart, Blüten wie Rosenknospen, Ingwer und vieles mehr.

Ras el hanout sieht auch nicht immer gleich aus, die Zutaten werden einfach getrocknet und mehr oder weniger fein zerstoßen oder auch zu feinem Pulver gemahlen. Natürlich schmeckt es auch sehr unterschiedlich, und es bleibt jedem selbst überlassen, die Sorte mit dem ihm angenehmsten Aroma zu wählen.

Ras el hanout ist mild und gleichzeitig fruchtig und wuchtig im Geschmack. Es wirkt wahre Wunder in Tajines, in Lammragouts, als Gewürz von Fleisch-, Geflügel- oder Wildspießen. Es gehört in die Sauce des Couscous, aber auch in Kuchen, zusammen mit reichlich Honig oder getrockneten Früchten.

Fleischbällchen in Zwiebelsauce

Für 4 Personen
Vorbereitung: 30 Minuten
Garzeit: 40 Minuten

500 G HACKFLEISCH VOM RIND ODER LAMM
500 G ZWIEBELN
1/2 ESSLÖFFEL FEIN GESCHNITTENE MINZE
1 ESSLÖFFEL FEIN GESCHNITTENE GLATTE PETERSILIE
1 ESSLÖFFEL FEIN GESCHNITTENER KORIANDER
1 TEELÖFFEL FRISCH GERIEBENER INGWER
1 TEELÖFFEL RAS EL HANOUT, GEMAHLEN
4 PRISEN CAYENNEPFEFFER
1 ESSLÖFFEL ZITRONENSAFT
70 G BUTTER
SALZ, PFEFFER

1. Die Zwiebeln schälen und fein hacken, 1 Esslöffel davon abnehmen und in eine Schüssel geben. Den Rest mit Ingwer, Butter, Salz und Pfeffer, 2 Prisen Cayennepfeffer und 1/2 Liter Wasser in eine beschichtete Pfanne mit hohem Rand geben. Zum Kochen bringen und 30 Minuten köcheln lassen.
2. Für die Fleischbällchen das Fleisch zu den Zwiebeln in die Schüssel geben. Mit dem restlichen Cayennepfeffer, Ras el hanout, Minze, der Hälfte der Petersilie und der Hälfte des Korianders gut vermischen. Kugeln von der Größe einer Murmel formen, indem man sie zwischen den Handballen rollt. Dabei die Hände zwischendurch immer wieder in kaltes Wasser tauchen.
3. Die Bällchen in die Pfanne setzen und in 8 Minuten garen. Die Pfanne von Zeit zu Zeit rütteln, damit das Fleisch in der Sauce gewendet wird, ohne auseinanderzubrechen, und von allen Seiten gart.
4. Wenn die Fleischbällchen gar und mit einer sämigen Sauce überzogen sind, den Rest Petersilie und Koriander zugeben. Den Zitronensaft darüber träufeln, vermischen und vom Feuer nehmen. Heiß servieren.

Kalmarpfanne mit Venusmuscheln

Für 4 Personen
Vorbereitungs- und Garzeit: 45 Minuten

800 G KLEINE KALMARE

500 G KLEINE VENUSMUSCHELN

2 ESSLÖFFEL FEIN GEHACKTE GLATTE PETERSILIE

1 KNOBLAUCHZEHE

1/4 TEELÖFFEL RAS EL HANOUT

4 PRISEN CAYENNEPFEFFER

5 ESSLÖFFEL OLIVENÖL

SALZ, PFEFFER

1. Die Knoblauchzehe schälen. Die Muscheln waschen und abtropfen lassen. Die Kalmare reinigen und ausnehmen, indem man vorsichtig an den Tentakeln zieht. Köpfe und Körperbeutel waschen und trockentupfen. Die Körperbeutel in 1 cm breite Ringe schneiden und von den Tentakeln trennen.
2. Die Kalmare in eine beschichtete Pfanne mit hohem Rand geben und bei großer Hitze aufsetzen. So lange rühren, bis sie keine Flüssigkeit mehr abgeben.
3. Salz, Pfeffer, Ras el hanout und Cayennepfeffer zugeben. Das Öl und die Petersilie hinzufügen und den Knoblauch durch die Knoblauchpresse zu den anderen Zutaten in die Pfanne drücken. Alles 30 Sekunden lang vermischen.
4. Die Venusmuscheln ebenfalls in die Pfanne geben und garen, bis sie sich öffnen, was etwa 4 bis 5 Minuten dauert. Ihren Saft zusammen mit der Kalmarflüssigkeit unter Rühren einkochen lassen.
5. Vom Feuer nehmen und auf vorgewärmten, tiefen Tellern verteilen. Sofort servieren.

Reichen Sie dazu Knoblauchcroûtons.

SÜSSHOLZ

Glycyrrhiza glabra

Süßholz ist eine aromatische Pflanze aus der Familie der Schmetterlingsblütler, besser bekannt als Lakritze. Aus ihren blauvioletten Blüten entwickeln sich später Schoten. Verwendet wird der goldfarbene Wurzelstock der Pflanze. Die Römer nannten sie *Radix dulcis,* und ebenso wie die Griechen verwendeten sie sie zum Reinigen der Stimme und um die Bronchien frei zu bekommen. Bis heute ist Süßholz Bestandteil einer Reihe von Medikamenten, da es nicht nur schleimlösend, sondern auch leicht abführend, krampflösend, verdauungsfördernd, entwässernd und entzündungshemmend wirkt.

Früher wurden die Sträucher einfach ausgerissen und die Süßholzwurzeln abgeschnitten. Man ließ die Wurzeln einige Monate in der Sonne trocknen und teilte sie anschließend in Abschnitte. Heute wartet man mit der Ernte, bis die Pflanzen drei Jahre alt geworden sind, und gräbt die unterirdischen Triebe aus. Sie werden gewaschen und geschält, und anschließend trocknet man sie bei höchstens 35 Grad Celsius. Die holzigen, braunen Wurzeln mit bittersüßem Geschmack kann man dann lutschen. Kinder lieben die Lakritzwurzel in Form von schwarzen Bändern, Schnecken, Pastillen und allen Arten von Bonbons.

Als Pulver oder als ätherisches Öl schmeckt Süßholz ausgezeichnet in Obstsalaten. Die Wurzeln kann man in Milch oder Sahne ziehen lassen, zu Sirup oder Saucen kochen. Man kann aber auch Geflügelfleisch damit spicken oder Kalbsbries und Jakobsmuscheln, bevor man sie vorsichtig grillt.

Lakritzcreme im Töpfchen

Für 6 Personen
Vorbereitung: 20 Minuten
Garzeit: 1 Stunde 15 Minuten, im Voraus

1 STANGE SÜSSHOLZ
250 ML SAHNE
150 ML MILCH
5 EIGELB, 80 G ZUCKER

1. Den Backofen auf 100 °C vorheizen.
2. Die Sahne mit der Milch in einem Topf zum Kochen bringen. Vom Herd nehmen, das Süßholz in kleine Stücke schneiden und 15 Minuten darin ziehen lassen.
3. Anschließend Eigelb mit Zucker in einer Schüssel schlagen, bis eine dicke weißliche Creme entsteht. Die Sahne-Milch-Mischung durch ein Sieb seihen, um das Süßholz zu entfernen und zu der Eiercreme gießen.
4. Sechs Auflaufförmchen kalt ausspülen. Die Creme hineinfüllen und 1 Stunde 15 Minuten im Backofen stocken lassen. Vor dem Servieren abkühlen und im Kühlschrank ein paar Stunden durchkühlen lassen.

Huhn mit Süßholz und Zitronen

Für 4 Personen
Vorbereitung: 30 Minuten
Garzeit: 2 Stunden 15 Minuten
Ruhezeit: 30 Minuten

1 BRATFERTIGES HUHN VON 1,8 KG
6 STANGEN SÜSSHOLZ
50 G WEICHE BUTTER
SALZ, PFEFFER

Für die Zitronen:

2 SEHR FRISCHE ZITRONEN À 60 BIS 70 G
2 TEELÖFFEL ZUCKER
4 PRISEN GROBES MEERSALZ

1. Den Backofen auf 175 °C vorheizen. Die Zitronen waschen und trockenreiben. Jede Frucht ganz fest in zwei Lagen Alufolie einwickeln. Die Zitronen dicht nebeneinander in eine ausreichend große, ofenfeste Form legen. Im heißen Backofen 2 Stunden garen.
2. Die Schenkel des Huhns mit 4 Stangen Süßholz, die Brüste mit 2 Stangen spicken. Das Fleisch von allen Seiten mit Butter bestreichen, salzen und pfeffern. Das Huhn in einen gusseisernen Topf legen und nach 1 Stunde Garzeit der Zitronen das Fleisch ebenfalls in den Backofen stellen. Im offenen Topf 1 Stunde 15 Minuten braten lassen. Das Huhn bräunt so langsam und gleichmäßig, bekommt eine knusprige Haut und das Fett kann sich im Topf sammeln. Nach 2/3 der Bratzeit überprüfen, ob der Bratensaft nicht zu dunkel wird. Falls er zu dunkel wird, 2 Esslöffel Wasser zugeben.
3. Die Zitronen nach 2 Stunden aus dem Backofen nehmen und 30 Minuten in ihrer Hülle ruhen lassen. Dann die Alufolie entfernen und jede Zitrone waagerecht halbieren. Die Kerne entfernen und das Fruchtfleisch mit einem kleinen Löffel aus den Zitronen lösen und in eine Schale geben. Mit einer Gabel zerdrücken und mit Salz und Zucker würzen. Das Fruchtfleisch wieder in die Zitronenhälften füllen.
4. Wenn das Huhn gar ist, aus dem Topf nehmen und den Bratensaft mit einem Löffel entfetten, 1 bis 3 Esslöffel Wasser mit dem Bratensaft verrühren und in eine Sauciere füllen.
5. Das Huhn sofort servieren. Die Zitronen dazu reichen.

Zu diesem Gericht passen außerdem kleine Birnen, die man kurz in der Pfanne karamellisieren lässt.
Alain Passard, Chef des Restaurants »Arpège« in Paris, sei Dank für dieses ausgezeichnete und ungewöhnliche Rezept.

ROSMARIN

Rosmarinus officinalis

Rosmarin gilt als Symbol der Liebe, er fehlte früher bei keiner Hochzeit und keiner Beerdigung. Die hocharomatische Pflanze ist hübsch anzusehen mit ihren nadelförmigen, grünen Blättern und den kleinen zartblauen Blüten. Sie wächst als Staude in Heidelandschaften am Mittelmeer. Die Rosmarinpflanze bevorzugt die Nähe zum Meer, daher sicher auch ihr lateinischer Name, der »Meertau« bedeutet.

Rosmarin ist ebenso wie Olivenöl, Knoblauch und Thymian typisch für die mediterrane Küche. Seine Blättchen schmecken frisch ausgezeichnet zu hellem Fleisch, Lamm, Geflügel und Meeresfrüchten, aber auch zu Auberginen, Tomaten und Paprika. Wenn man die Nadeln von festeren Zweigen abstreift, kann man diese auch als Spieße, zum Beispiel für Lammfleisch oder Jakobsmuscheln, verwenden. Die Nadeln bindet man in einem Stückchen Gaze zu einem Säckchen zusammen, um damit Ragouts und Schmorgerichte, aber auch Brühen und Marinaden zu würzen.

Jakobsmuscheln auf Rosmarinspießen

mit Zitronensauce

Für 4 Personen
Vorbereitung: 20 Minuten
Garzeit: 15 Minuten

1 UNBEHANDELTE ZITRONE
1 GETROCKNETE TOMATE
1 KNOBLAUCHZEHE
1 GESTRICHENER ESSLÖFFEL ZUCKER
SALZ
3 ESSLÖFFEL OLIVENÖL
25 G BUTTER
16 NÜSSCHEN VON JAKOBSMUSCHELN
4 LANGE ROSMARINZWEIGE

1. Für die Sauce die Zitrone waschen und längs vierteln, dann in 2 mm dicke Spalten schneiden. Die getrocknete Tomate fein hacken. Die Knoblauchzehe schälen und ebenfalls fein hacken.
2. In einem kleinen Topf 100 ml Wasser mit dem Zucker und 4 Prisen Salz zum Kochen bringen. Die Zitronenspalten etwa 5 Minuten darin kochen, bis sie weich sind und die weiße Innenhaut transparent erscheint. Die Zitronenspalten mit einem Schaumlöffel aus dem Topf heben und zur Seite stellen. Die getrocknete Tomate mit dem Knoblauch in den Sirup geben, alles 3 Minuten kochen lassen.
3. Die Zitronenspalten wieder in den Topf geben, 1 Esslöffel Öl mit der Butter zugeben, alles verrühren und den Topf vom Herd nehmen.
4. Die Jakobsmuscheln waschen und sorgfältig trockentupfen. Je 4 Muscheln flach hintereinander auf ein Brett legen und auf einen Rosmarinzweig spießen. Leicht salzen.
5. In einer beschichteten Pfanne 2 Esslöffel Öl erhitzen. Die Muschelspieße bei schwacher Hitze 5 Minuten braten, nach der Hälfte der Zeit wenden.
6. Die Spieße auf einer Platte anrichten, die Sauce erwärmen und alles sofort servieren.

SAFRAN

Crocus sativus

Bereits im alten Ägypten wurde diese Blume als Gewürz, als Färbemittel, als Parfum und auch als Heilmittel verwendet. Die Römer streuten Safranblüten auf den Wegen aus, die ihre Kaiser beschritten, und schmückten Brautleuten damit das Lager für die Hochzeitsnacht. Außerdem setzten sie mit Safran Wein an, weil sie ihm aphrodisiatische Wirkung zusprachen. In Frankreich hielt man in der Renaissance Safran sogar für ein Heilmittel gegen die Pest.

Die kleine Zwiebelpflanze blüht im Herbst blauviolett. Erst nach der Blüte erscheinen ihre Blätter. Aber Achtung: Man sollte sie nicht mit der Herbstzeitlose, *Colchicum autumnale*, verwechseln, die ganz ähnlich aussieht, aber giftig ist.

Jede Safranblüte besitzt drei Narben. Sobald die Blüten sich öffnen, werden sie von Hand gepflückt, die Narben lässt man trocknen. Mindestens 100 000 Blüten sind nötig, um fünf Kilogramm frische Narben ernten zu können, getrocknet wiegen sie dann nur noch ein Kilogramm. Deshalb ist Safran auch so teuer, doch es reicht schon eine kleine Prise davon aus, um einem ganzen Gericht eine leuchtend gelbe Farbe und ein unvergleichliches Aroma zu schenken.

Hauptproduzent der kostbaren Safranfäden ist der Iran, gefolgt von Spanien, Indien, den Vereinigten Staaten, Mittel- und Südamerika. In Frankreich wird Safran in Aquitanien kultiviert – er gehört nämlich in den berühmten Kräuterlikör »Chartreuse«.

Safran würzt zahllose berühmte Gerichte dieser Welt: undenkbar die Marseiller Bouillabaisse, die spanische Paella, der Mailänder Risotto, der iranische *chelo kebab,* der Kuchen aus Cornwall und der Weihnachtszopf aus Schweden ohne Safran.

Man sollte Safran immer als ganze Fäden kaufen, weil er gemahlen nur selten in reiner Form angeboten wird. Er wird leider mit Kurkuma, auch indischer Safran genannt, gestreckt, der zwar intensiv safrangelb färbt, aber einen wenig ausgeprägten Geschmack und ein eher scharfes Aroma besitzt.

Safran passt sehr gut zu Fisch, Tomatensaucen, Reis und Nudeln, aber auch zu Desserts wie Crème brûlée, Obstkompott oder gekochten Früchten, aus deren Sirup sich schnell ein aromatisches Sorbet herstellen lässt. Eine Vanillecreme erhält durch Safran ein schönes Gelb und passt so farblich großartig zu Schokolade.

Safranbirnen

Für 4 Personen
Vorbereitung: 10 Minuten
Garzeit: 30 Minuten

4 BIRNEN À 200 G
100 G AKAZIENHONIG
100 ML WEISSWEIN
1 TEELÖFFEL SAFRANFÄDEN
1 ZITRONE

1. Den Honig zusammen mit dem Wein und den Safranfäden in einen Topf geben, in den auch die Birnen hineinpassen. Alles zum Kochen bringen und 5 Minuten simmern lassen.
2. Die Birnen schälen, ohne die Stiele zu entfernen. Die Birnen mit der halbierten Zitrone abreiben. In den heißen Sirup geben und 20 Minuten darin garen. Regelmäßig mit Sirup begießen.
3. Die gegarten Birnen abtropfen lassen und in eine Schale füllen. Den Sirup einkochen, bis er ziemlich dickflüssig ist, dann über die Birnen geben.
4. Die goldgelben Birnen lauwarm, kalt oder auch eisgekühlt servieren, allein oder mit selbstgebackenen Orangenhippen.

Für die Orangenhippen 75 g Butter schmelzen. Den Topf vom Herd nehmen und 100 g Puderzucker, 30 g gesiebtes Mehl, die abgeriebene Schale einer Orange und 2 Esslöffel Orangensaft unterrühren. Von dem Teig dünne Kreise auf einem leicht gefetteten Backblech verteilen und im vorgeheizten Backofen bei 175 °C 7 bis 8 Minuten backen. Die Hippen sind dann hellbraun und sehr zart. Eine Minute ruhen lassen, dann mit einem Pfannenheber vorsichtig vom Blech heben und über einer Kuchenrolle oder einer Flasche halbrund formen. Abkühlen lassen.

Florentinische Brioche mit Safran

Für 8 Personen
Vorbereitung: 20 Minuten
Ruhezeit: 8 bis 11 Stunden
Backzeit: 40 Minuten

600 G WEIZENMEHL, TYPE 405
2 PÄCKCHEN TROCKENHEFE (16 G)
200 G ZUCKER
3 EIER
150 G SEHR WEICHE BUTTER
SEHR FEIN ABGERIEBENE SCHALE 1 UNBEHANDELTEN ORANGE
1 G GEMAHLENER SAFRAN
3 PRISEN SALZ
PUDERZUCKER

Für die Form:

1 STÜCKCHEN BUTTER

1. In einer kleinen Schüssel 1 Teelöffel Zucker in 1/8 Liter lauwarmem Wasser auflösen. Die Hefe zugeben, verrühren und ungefähr 15 Minuten gehen lassen.
2. Das Mehl mit dem Zucker, dem Safran, der Orangenschale und dem Salz in einer Schüssel mischen. Die Hefemischung und 1 Ei zugeben und mit einem Rührlöffel möglichst viel Luft unterschlagen oder mit den Knethaken eines Handrührgeräts oder in der Küchenmaschine den Teig durcharbeiten. Nacheinander die beiden anderen Eier, anschließend die Butter einarbeiten. Ist der Teig geschmeidig und löst sich von der Schüssel, mit einem Tuch abdecken und an einem warmen Ort 6 oder 8 Stunden, vielleicht auch länger, gehen lassen. Der Teig sollte sein Volumen etwa verdoppelt haben.
3. Anschließend den Teig wie einen Brotteig noch einmal 10 Minuten durchkneten. Eine rechteckige Form von 28 × 22 cm oder eine quadratische Form mit 22 cm Seitenlänge fetten, und den Teig gleichmäßig darin verteilen. Noch einmal mit dem Tuch zudecken und wieder 2 bis 3 Stunden gehen lassen: Der Teig sollte sein Volumen noch einmal verdoppeln.
4. Den Backofen auf 150 °C vorheizen und die Brioche 40 Minuten darin backen. Die Brioche auf einem Rost auskühlen lassen und mit Puderzucker bestäuben.

Diese wunderbare Florentiner Brioche ist relativ flach. Man serviert sie nach dem Essen oder isst sie tagsüber als kleinen Imbiss. Dazu schneidet man die Brioche in Würfel und trinkt dazu einen Vin santo, den fruchtig-süßen Messwein von den Hügeln der Toskana.

SALBEI

Salvia officinalis

Den Römern galt der Salbei als heilige Pflanze – sie pflückten ihn barfuß. Er wurde ebenso in der Küche wie als Heilmittel verwendet. Die Griechen mischten die frischen Blätter unter ihre Salate oder legten sie in Essig ein.

In Südeuropa wächst die Staude, die etwa einen Meter hoch wird, wild. Ihren flaumigen länglichen Blättern entströmt ein leichter Kampferduft, wenn man sie reibt. Salbei wächst problemlos auch im Blumentopf auf dem Balkon. Traditionell wird er vor der Blüte geerntet, um Johannis herum; man kann jedoch auch mit den schönen lilafarbenen Blüten einen Salat garnieren. Zum Trocknen hängt man Salbei in kleinen Sträußen an einem luftigen Ort auf.

Es gibt sehr viele verschiedene Sorten Salbei, die alle ausgezeichnet schmecken: Der Purpursalbei zum Beispiel hat dunkelrote Stengel, der Ananassalbei trägt sehr spitze, gelbgrüne Blätter mit einem leichten Ananasduft, die Blätter des Tricolor sind grün und rosafarben gefleckt und haben einen weißen Rand.

Überall im Mittelmeerraum wird Salbei hoch geschätzt, doch in Italien nimmt er eine Sonderstellung ein: Man schmort ihn zusammen mit kleinen, weißen Bohnen, backt knusprige Beignets daraus, lässt ihn als *Saltimbocca* »in den Mund springen« und bereitet *Pasta alla griscia* damit zu. In der Provence kocht man den *Aïgo boulido* daraus, eine Kräuterbrühe aus Knoblauch und Salbei, die zu Weihnachten zubereitet und besonders wegen der verdauungsfördernden Wirkung geschätzt wird. In Großbritannien gehört Salbei in frische Wurst, in die Farce für die Gans und den wunderschön grünmarmorierten Käse *Sage Derby*.

Salbei passt sehr gut zu Geflügel, zu hellem Fleisch, besonders zu Schweinefleisch, aber auch zu Wild oder Paprikaschoten. Man kann daraus auch, wie in Griechenland üblich, einen Tee zur Förderung der Verdauung kochen.

Salbeirisotto

mit knusprig gebratenem Schinken

Für 4 Personen
Vorbereitung: 20 Minuten
Garzeit: 30 Minuten

200 G ITALIENISCHER REIS DER SORTE »ARBORIO« ODER »CARNAROLI«
200 G PARMASCHINKEN IN SEHR FEINEN SCHEIBEN
20 SALBEIBLÄTTER
1/2 LITER MILCH
100 G ZWIEBELN
3 ESSLÖFFEL MARSALA ODER TROCKENER WEISSWEIN
60 G FRISCH GERIEBENER PARMESAN
100 G BUTTER
2 ESSLÖFFEL MILDES OLIVENÖL
6 PRISEN GERIEBENE MUSKATNUSS
1 TEELÖFFEL FEIN ZERSTOSSENER PFEFFER
SALZ

1. Die Zwiebeln schälen und fein hacken. Den Schinken in Streifen von 2 × 5 cm schneiden und in dem Pfeffer wenden.
2. Die Milch mit der gleichen Menge Wasser mit 4 Blättern Salbei und Muskat in einem kleinen Topf aufkochen lassen und zur Seite stellen.
3. In einem großen gusseisernen Topf 60 g Butter schmelzen lassen. Die gehackten Zwiebeln hineingeben und 3 Minuten bei milder Hitze darin glasig andünsten.
4. Den Reis hineinrieseln lassen und unter Rühren in 3 Minuten bei milder Hitze hellgelb rösten. Dann den Wein angießen. Sobald der Reis die Flüssigkeit aufgenommen hat, die Salbeimilch in fünf oder sechs Portionen zugeben. Umrühren, bis der Reis die Flüssigkeit aufgenommen hat, dann wieder Milch zugießen und zwischendurch leicht salzen. Es dauert insgesamt etwa 18 Minuten, bis der Reis gar ist. Er sollte weich und cremig sein.
5. Die restliche Butter und die Hälfte des Parmesans unterrühren.
6. In einer beschichteten Pfanne das Öl erhitzen und die Schinkenstücke knusprig braun braten. Mit einem Schaumlöffel aus der Pfanne heben und anschließend die Salbeiblätter knusprig anbraten.
7. Den Risotto auf vier Tellern verteilen, mit dem Schinken und den Salbeiblättern bestreuen. Den restlichen Parmesan dazu reichen.

Saltimbocca alla Romana

Für 6 Personen
Vorbereitung und Garzeit: 20 Minuten

12 FEINE SCHEIBEN KALBSFILET
3 GROSSE DÜNNE SCHEIBEN SAN-DANIELE-SCHINKEN
12 SALBEIBLÄTTER
2 ESSLÖFFEL OLIVENÖL
25 G BUTTER
100 ML TROCKENER WEISSWEIN
SALZ, PFEFFER

1. Die Filetscheiben vom Metzger sehr flach klopfen lassen. Die Schinkenscheiben vierteln und ein Stück davon auf jede Filetscheibe legen. Jeweils mit einem Blatt Salbei belegen. Mit Hilfe von kleinen Holzspießen flach feststecken.
2. In einer großen Pfanne das Öl erhitzen. Die Butter zugeben. Sobald diese geschmolzen ist, die Saltimbocca bei mäßiger Hitze 1 Minute auf der Fleischseite und 5 Sekunden auf der Salbeiseite braten. Auf gut vorgewärmte Teller verteilen.
3. Den Wein in die Pfanne gießen und mit einem Holzlöffel alle Rückstände vom Pfannenboden ablösen. Die Flüssigkeit um die Hälfte einkochen lassen, salzen, pfeffern und den Bratensaft über die Saltimbocca geben. Sofort servieren.

Reichen Sie zu den Saltimbocca Polenta oder frische Nudeln mit Butter, vielleicht auch in Olivenöl gedünstete Mangoldblätter, mit Knoblauch und Chili gewürzt.

SESAM

Sesamum indicum

Afrika, Iran, Indien oder Indonesien – es wird wohl ein Geheimnis bleiben, wo der Sesam ursprünglich beheimatet ist. In China ist er seit zweitausend Jahren bekannt, man nennt ihn dort bis heute »fremder Hanf«. Auf Papyri von 1500 v. Chr. fand man Hinweise auf Sesam als Heilpflanze. Und Marco Polo stellte fest, dass die Perser Sesamöl verwendeten, da Olivenöl dort offenbar unbekannt war.

Sesam ist eine sehr hoch wachsende, einjährige Pflanze mit breiten, flaumigen grünen Blättern und weißen oder rosafarbenen Blüten, die je nach Sorte Schoten mit zahllosen weißen, braunen oder schwarzen Samen bilden. Diese Schoten werden geerntet, bevor sie reif sind und sich öffnen, damit die kleinen Samen nicht davonfliegen können. Aus den getrockneten Samen wird ein sehr aromatisches Öl gewonnen mit deutlichem Haselnussgeschmack, das sich sehr gut zum Kochen eignet und besonders in Asien hoch geschätzt wird. Die Japaner nennen es *Goma abura* und backen traditionell ihr *Tempura* darin aus. Aus den zerstoßenen Samen entsteht eine ölige, dicke und intensiv schmeckende Paste, die im Mittleren Osten *Tahin* heißt. Gemischt mit Knoblauch und Zitronensaft wird daraus eine Sauce zu Fleischspießen oder Gemüse. Gesüßt stellt man aus dieser Paste *Halva* her, allein oder zusammen mit Mandeln oder Pistazien: eine sehr geschätzte Leckerei.

Sesamsamen, ganz gleich ob hell oder schwarz, schmecken noch aromatischer, wenn man sie vor der weiteren Verarbeitung in einer trockenen Pfanne anröstet. Sie entfalten dann ihr nussartiges Aroma.

Man kann Sesamsamen auch über Brot, grünen Salat, gedämpfte Gemüse, aber auch Reis oder Omelettstreifen geben, wie in Japan, wo Sesamsamen in die Würzmischung *Hichimi togarashi* gehören. Diese Mischung steht in Japan auf jedem Tisch, wie bei uns Pfeffer und Salz. Sie besteht aus weißem und schwarzem Sesam, Sichuanpfeffer, getrockneter Mandarinenschale, Mohn und Rapssamen, schwarzen Algen und Chili. Und *Gomasio,* das schwarzweiße Duo aus schwarzen Sesamsamen und Meersalz, ist im Land der aufgehenden Sonne das am weitesten verbreitete Gewürz.

Auberginenpüree
mit Sesam

Für 6 bis 8 Personen
Vorbereitung: 15 Minuten
Garzeit: 30 Minuten

4 AUBERGINEN À 200 G
3 ESSLÖFFEL TAHIN (SESAMPASTE)
2 KNOBLAUCHZEHEN
2 ESSLÖFFEL ZITRONENSAFT
2 ESSLÖFFEL FRUCHTIGES OLIVENÖL
SALZ

1. Den Backofen auf 200 °C vorheizen. Die Auberginen waschen und trockenreiben. Einige Male mit einem Messer einstechen, damit die Schale im Ofen nicht aufplatzt. Die Auberginen auf das Backblech legen und etwa 30 Minuten garen lassen, bis ihre Haut braun geworden ist. Aus dem Ofen nehmen und etwas abkühlen lassen.
2. Die Knoblauchzehen schälen und durch die Knoblauchpresse in den Mixer geben. Die Auberginen schälen und das Fruchtfleisch zusammen mit Zitronensaft, Tahin und Salz ebenfalls in den Mixer geben.
3. Alles sehr fein pürieren. In eine Schüssel füllen und glatt streichen. Mit einer Gabel Furchen in die Oberfläche zeichnen und Olivenöl hineinträufeln.
4. Das Püree, garniert mit Minzeblättchen und Granatapfelsamen, kalt zu Fladenbrot oder gerösteten Brotscheiben servieren.

Tahin findet man in Naturkostgeschäften, entsprechenden Abteilungen von Lebensmittelgeschäften und türkischen oder griechischen Läden.

Sesamsauce

Für 6 Personen
Zubereitung: 10 Minuten

4 ESSLÖFFEL TAHIN (SESAMPASTE)
2 ESSLÖFFEL ZITRONENSAFT
6 PRISEN GEMAHLENER KREUZKÜMMEL
2 PRISEN GEMAHLENER ZIMT
2 PRISEN GEMAHLENER SCHARFER PAPRIKA
1/2 TEELÖFFEL AKAZIENHONIG
1 KNOBLAUCHZEHE, SALZ

1. Die Knoblauchzehe schälen, vierteln und in den Mixer geben.
2. Die Sesampaste mit Zitronensaft, Honig, Kreuzkümmel, Zimt, Paprika und Salz zugeben und alles zu einer gleichmäßigen Paste pürieren. Die Sesamsauce sofort servieren oder im Kühlschrank aufbewahren.

Diese Sauce passt als Beilage zu kaltem, gedämpftem oder in Bouillon gegartem Fisch, zu Geflügel und kaltem Schweine- oder Kalbsbraten.
Sie schmeckt auch ausgezeichnet auf Fladenbrot oder warmem Pitta-Brot.

SHISO

Perilla nankinensis

Die hübsch anzusehende Shisopflanze ist eine Schwarznesselart und gehört zur selben Familie wie die Minze. Wahrscheinlich stammt die Pflanze aus dem Himalaja. In Asien ist sie jedenfalls seit Jahrhunderten bekannt. Man findet die aromatisch schmeckenden Blätter heute in der chinesischen, birmanischen und japanischen Küche. Seit langer Zeit bauen die Japaner zwei Arten von Shiso an: eine mit grünen und eine mit violetten Blättern. Mit den grünen Blättern bereitet man Tempura zu: Man wickelt kleine ganze Fische in Shisoblätter ein, taucht diese Päckchen in Tempurateig und backt sie schwimmend in Fett aus. Auf die gleiche Weise werden auch die ungefüllten Blätter zubereitet. Außerdem dekoriert man Sashimi mit Shisoblättern. Die violette Art ist nicht ganz so aromatisch. In Japan verwendet man die Pflanze auch zum Würzen und Färben von Umeboshi, das sind kleine eingesalzene Pflaumen, die man nach dem Essen serviert oder unter Gemüsesaucen mischt, die zu Reis gereicht werden. Man findet Shiso in zahlreichen asiatischen Lebensmittelgeschäften.

Rindfleischspieße im Shisomantel

Für 6 Personen
Vorbereitung: 15 Minuten
Marinierzeit: 12 Stunden
Garzeit: 2 Minuten

36 SHISOBLÄTTER
800 G RINDFLEISCH: RUMPSTEAK ODER FALSCHES FILET
4 STENGEL ZITRONENGRAS
2 KNOBLAUCHZEHEN
2 LAUCHZWIEBELN
1 FRISCHE, ROTE CHILISCHOTE
1 ESSLÖFFEL ZUCKER
2 ESSLÖFFEL NUOC MAM (VIETNAMESISCHE FISCHSAUCE)
PFEFFER

Für die Sauce:

1 ESSLÖFFEL NUOC MAM
2 ESSLÖFFEL LIMETTENSAFT
1 FRISCHE, ROTE CHILISCHOTE
1 KNOBLAUCHZEHE

1. Das Rindfleisch in sehr feine Streifen schneiden, ungefähr 4 × 2 cm groß und 2 mm dick. Die harten Blätter der Zitronengrasstengel entfernen und die zarten Knollen fein hacken. Die Chilischote waschen, Kerne und Stengel entfernen und das Fruchtfleisch fein hacken. Die Zwiebeln schälen, waschen und fein hacken.
2. Die Knoblauchzehen schälen und durch die Knoblauchpresse in eine Schüssel drücken. Zitronengras, Chilischote, Zwiebeln, Pfeffer, Zucker und Nuoc mam zugeben und miteinander verrühren. Die Rindfleischscheibchen in diese Marinade legen und alles gut mischen. Das Fleisch 8 bis 12 Stunden durchziehen lassen, dabei von Zeit zu Zeit in der Marinade wenden.
3. Für die Sauce die Knoblauchzehe schälen und durch die Knoblauchpresse in eine Schüssel drücken. Die Chilischote waschen, die Kerne und den Stiel entfernen und das Fruchtfleisch fein hacken. Mit dem Limettensaft in die Schüssel geben. Nuoc mam und 50 ml Wasser hinzufügen. Alle Zutaten gut miteinander verrühren und die Sauce auf sechs Schälchen verteilen.
4. Den Grill des Backofens vorheizen. Das Fleisch in 36 gleich große Portionen aufteilen. Jede in ein Shisoblatt einrollen. Jeweils drei Päckchen auf einen Bambusspieß stecken und von jeder Seite 1 Minute grillen. Heiß servieren. Die Sauce dazu reichen.

Dieses köstliche Gericht verdanken wir Robert Vifian vom Restaurant »Tan Dinh« in Paris.

Tempura

Für 4 Personen
Vorbereitung und Garzeit: 15 Minuten

12 grüne Shisoblätter
16 rohe Hummerkrabben à 75–80 g
120 g Mehl
1 Eigelb
750 ml Erdnussöl
Salz

1. Die Hummerkrabbenschwänze unterhalb der Köpfe abtrennen und aus dem Panzer lösen, nur das letzte Schwanzstück belassen. Den dünnen Darmstrang auf der Rückenseite entfernen.
2. Für den Tempurateig 100 bis 200 ml eiskaltes Wasser in eine Schüssel geben. Das Eigelb mit einer Gabel rasch mit dem Wasser verschlagen. Unter Schlagen das Mehl und eine Prise Salz zugeben: Der Teig sollte gerade binden, aber nicht zu stark durchgearbeitet sein.
3. Das Öl in einer Friteuse oder einem großen schweren Topf erhitzen. Sobald das Fett sehr heiß ist, die Hummerkrabbenschwänze leicht mit Mehl bestäuben, in den Tempurateig tauchen und dann im Öl 3 Minuten ausbacken, dabei mit einem Schaumlöffel wenden.
4. Anschließend die Shisoblätter in den Teig tauchen und im Öl 1 Minute ausbacken.
5. Die Hummerkrabbenschwänze und die Shisoblätter aus dem heißen Öl heben und auf Küchenkrepp abtropfen lassen.
6. Auf eine Platte legen und sofort servieren.

In Japan reicht man zu Tempura ein Schälchen leichte Fischbrühe, die mit Sojasauce gewürzt wird. Man taucht die ausgebackenen Hummerkrabben und Shisoblätter kurz hinein und würzt mit frisch geriebenem weißem Rettich und Ingwer.

Tempura kann man auch mit den verschiedensten Gemüsen zubereiten, zum Beispiel mit Auberginenscheiben, Zucchini- oder Karottenstreifen, Kürbisspalten oder Zwiebelringen.

SUMACH

Rhus coriaria

Der Sumach oder Färberbaum wächst auf Sizilien und im gesamten Mittleren Osten wild. Bei uns ist er vor allem als Zierpflanze bekannt. Sumach blüht weiß. Später erscheinen Trauben von kleinen roten Beeren. Anfang Herbst, wenn seine Blätter ein intensives Rot angenommen haben, sieht man in türkischen Dörfern Kränze aus roten Beeren in der Sonne trocknen: Das sind Sumachzweige, gepflückt, noch bevor die Früchte reif sind. Durch das Trocknen erhalten die Beeren eine mehr oder weniger kräftige ziegelrote Farbe. Man verwendet die Beeren ganz oder schält die Kerne im Inneren heraus. Einfacher ist es jedoch, die ganzen Beeren zu mahlen.

Bereits die Römer schätzten den säuerlichen Geschmack des Sumachs, denn die Zitrone kam erst viel später nach Europa. Heute ist Sumach typisch für die Küche des Mittleren Ostens. Im Libanon kombiniert man Sumach mit getrocknetem Thymian: *Zahtar* heißt diese Mischung, mit der man Brot, Fleischbällchen oder Gegrilltes aromatisiert.

Sumachhühnchen mit Salat

Für 4 Personen
Vorbereitung: 30 Minuten, im Voraus
Marinierzeit: 30 Minuten bis mehrere Stunden
Garzeit: 15 Minuten

4 HÜHNERBRÜSTE À 120 G
2 KNOBLAUCHZEHEN
2 ESSLÖFFEL OLIVENÖL
1 ESSLÖFFEL ZITRONENSAFT
1 TEELÖFFEL GETROCKNETER THYMIAN
1 TEELÖFFEL SUMACH
2 PRISEN CAYENNEPFEFFER
SALZ, PFEFFER

Für den Salat:

1 TROCKENES, LIBANESISCHES BROT
400 G REIFE, ABER FESTE TOMATEN
200 G SALATGURKE
2 FRISCHE ZWIEBELN
4 ESSLÖFFEL FEIN GESCHNITTENE GLATTE PETERSILIE
4 ESSLÖFFEL FEIN GESCHNITTENE MINZE
2 ESSLÖFFEL OLIVENÖL
1 ESSLÖFFEL ZITRONENSAFT
1/2 TEELÖFFEL GETROCKNETER THYMIAN
1/2 TEELÖFFEL SUMACH
SALZ, PFEFFER

1. Für das Hühnerfleisch zunächst eine Marinade zubereiten: Die Knoblauchzehen schälen und durch die Knoblauchpresse in eine Schüssel drücken. Zitronensaft, Öl, Cayennepfeffer, Thymian, Sumach, Salz und Pfeffer zugeben.
2. Die Hühnerbrüste längs teilen und in die Schüssel legen. Mit der Marinade mischen und 30 Minuten bis mehrere Stunden durchziehen lassen, dabei immer wieder wenden.
3. Den Grill des Backofens 30 Minuten vor dem Essen vorheizen.
4. Für den Salat die Tomaten waschen und würfeln. Die Gurke schälen, längs halbieren, die Kerne entfernen und die Gurkenhälften in feine Scheiben schneiden. Die Zwiebeln schälen, waschen und fein hacken.
5. Das Brot in eine Schüssel zerbröseln. Tomaten, Gurke, Zwiebeln, Petersilie und Minze zugeben. Mit Olivenöl und Zitronensaft beträufeln. Salz, Pfeffer, Sumach und Thymian miteinander vermischen und über den Salat streuen.
6. Die Hühnerbruststücke auf Spieße stecken und 15 Minuten unter häufigem Wenden grillen. Heiß zu dem Salat servieren.

Reichen Sie wie im Libanon eine Knoblauchsauce dazu. Dafür mixt man geschälte Knoblauchzehen mit einem neutralen Öl und etwas Salz, bis ein ganz glattes, luftiges weißes Püree entsteht.

Fladen mit Thymian und Sumach

Für 6 Personen
Vorbereitung: 20 Minuten
Ruhezeit: 1 1/2 Stunden
Garzeit: 20 Minuten

300 G WEIZENMEHL, TYPE 405
1 PÄCKCHEN TROCKENHEFE (8 G)
1/2 GESTRICHENER TEELÖFFEL ZUCKER
1 GESTRICHENER TEELÖFFEL FEINES MEERSALZ
2 TEELÖFFEL OLIVENÖL

Außerdem:

100 ML OLIVENÖL
6 ESSLÖFFEL GETROCKNETER THYMIAN
6 ESSLÖFFEL SUMACH

1. Den Zucker in ein Glas mit 200 ml Fassungsvermögen geben, 100 ml lauwarmes Wasser (35 °C) zugeben und mit einem Teelöffel rühren, bis der Zucker sich aufgelöst hat. Die Hefe hineinrieseln lassen und die Mischung an einem warmen Ort etwa 10 Minuten lang gehen lassen, bis sie an den Rand des Glases reicht.
2. Das Mehl auf die Arbeitsfläche geben. Mit dem Salz vermischen. In die Mitte eine Vertiefung drücken. Die Hefemischung im Glas umrühren und zusammen mit 300 ml lauwarmem Wasser in die Vertiefung geben.
3. Mit den Fingerspitzen alle Zutaten rasch von innen nach außen vermischen, zu einer Kugel formen und den Teig folgendermaßen durcharbeiten: Weit nach hinten auseinander drücken, dann nach vorn zusammenfalten und um ein Viertel gegen den Uhrzeigersinn drehen. Von vorn beginnen. Den Teig auf diese Weise 5 bis 6 Minuten durcharbeiten, bis er glatt und geschmeidig ist.
4. Den Teig in eine große, leicht mit Mehl bestäubte Schüssel legen und mit einem Tuch zudecken. An einem warmen Ort ohne Luftzug 1 Stunde oder länger gehen lassen. Der Teig sollte sein Volumen verdoppeln.
5. Danach das Tuch abnehmen. Den Teig zusammenfallen lassen, indem man ihn leicht mit den Fingerspitzen klopft, und wieder auf die Arbeitsfläche geben. Noch einmal, wie beim ersten Kneten, 3 Minuten durcharbeiten.
6. Mit der Hälfte des Öls das Backblech einfetten. Den Teig 1/2 cm dick zu Kreisen mit einem Durchmesser von etwa 15 cm ausrollen. Auf das Blech legen und das restliche Öl mit den Händen auf dem Teig verteilen. Die Oberfläche der Fladen alle 2 cm mit einem Stäbchen einstechen, damit der Teig beim Backen nicht allzu sehr aufgeht. Noch einmal leicht gehen lassen: Der Teig sollte 1 cm dick sein.
7. In der Zwischenzeit den Backofen auf 250 °C vorheizen. Öl, Thymian und Sumach miteinander mischen. Diese Ölmischung kurz vor dem Backen auf dem Teig verteilen, die Fladen 20 Minuten backen.

Probieren Sie die Fladen heiß oder noch besser lauwarm mit verschiedenen Vorspeisen oder zu gebratenem oder gegrilltem Fleisch oder Fisch.

TAMARINDE

Tamarindus indica

Die Heimat des Tamarindenbaums ist unbekannt. Es heißt, er soll aus Südostasien stammen. In Indien wird er seit Jahrhunderten angepflanzt, doch auch die Araber verwenden Tamarinde. Mit den Kreuzfahrern kam die Pflanze zu uns nach Europa. Die Spanier siedelten sie dann auf den Antillen an, wo Tamarinde bis heute angebaut wird.

Der Baum trägt ovale, blassgrüne Blätter, aus denen roter und gelber Farbstoff gewonnen wird. Die gelb-roten Blüten wachsen in Trauben und bringen dunkelbraune, gebogene Schoten hervor. Diese Schoten werden gepflückt, bevor sie reif sind. Sie enthalten ein faserreiches, säuerliches Fruchtfleisch voller Kerne. Man lässt es mit den Kernen zu einer dicken Paste trocknen, die in heißem Wasser aufgelöst und anschließend abgeseiht wird. Das dicke, dunkle Mark ohne Fasern oder Kerne gleicht einem Gelee und ist gebrauchsfertig.

Beliebt ist Tamarinde besonders wegen ihres erfrischenden sauren, zugleich auch leicht süßlichen Geschmacks. Man kann sie in vielen Gerichten anstelle von Essig oder Zitronen verwenden. Die Inder würzen mit Tamarinde ihre Currys, Suppen und Chutneys, die Thailänder bereiten saure Suppen daraus, und auf den Antillen bereitet man aus Tamarinde ein erfrischendes Getränk und eine aromatische Konfitüre.

Zwiebelsalat

mit Tamarinde und Korinder

Für 4 Personen
Zubereitung: 15 Minuten

3 GROSSE, MILDE ZWIEBELN
3 GRÜNE TOMATEN
3 TAMARINDENSCHOTEN
1 VOGELAUGENCHILI
4 STENGEL KORIANDER
FEINES MEERSALZ

1. Die Tamarindenschoten öffnen, das Fruchtfleisch in 3 Esslöffeln Wasser auflösen und abseihen.
2. Die Zwiebeln schälen und in feine Scheiben schneiden. Die Tomaten waschen und ebenfalls in feine Scheiben schneiden. Den Koriander waschen und die Blättchen abzupfen. Den Vogelaugenchili waschen, die Kerne entfernen und die Schote in feine Ringe schneiden.
3. Die Zwiebeln mit den Tomaten in eine Schüssel geben und mit dem Koriander bestreuen. Die Chiliringe und das Salz zugeben. Vor dem Servieren mit dem Tamarindensaft beträufeln und vermischen.

Dieser Salat passt ausgezeichnet zu Currys, man kann ihn jedoch auch zu heißem oder kaltem Braten servieren.

THYMIAN

Thymus vulgaris

Nach einer Legende wurde der Thymian aus den Tränen der schönen Helena geboren. Der Duft des Thymians ist typisch für die Berghänge der Mittelmeerküste, hier wächst er überall wild. Doch auch im kühleren Mitteleuropa gedeiht er auf sonnigen Balkonen und im Garten. Schneiden Sie ihn vor der Blüte und trocknen Sie ihn dann in Sträußchen an einem kühlen, luftigen Ort. Danach lässt er sich, kühl und dunkel gelagert, lange aufheben.

Schon lange ist die antiseptische Wirkung des Thymians bekannt. Die Ägypter etwa verwendeten das Kraut zum Einbalsamieren ihrer Toten. Wenn man Marinaden und Salzlaken mit Thymian zubereitet, kann man sich dessen konservierende Wirkung zum Beispiel zum Einlegen von Käse oder Oliven zu Nutze machen.

Ins Bouquet garni gehört Thymian neben Lorbeerblatt und Petersilie unbedingt. Er passt hevorragend zu Oregano, Bohnenkraut, Rosmarin, Majoran – die klassische Mischung, aus der die »Kräuter der Provence« bestehen, die in fast jedes südfranzösische Gericht gehören, zu Gegrilltem ebenso wie in Schmorgerichte.

Die zartgrünen Blättchen schmecken frisch auch im Salat, besonders wenn sie vom Zitronenthymian stammen, der ein starkes Zitronenaroma verströmt. Thymian passt zu fast allen Gemüsen, zu Ratatouille und Überbackenem, er unterstreicht den Eigengeschmack von gegrilltem oder gebratenem Lamm, gebackenem Huhn oder gegrilltem Fisch.

Thunfisch mit Thymian

Für 2 Personen
Vorbereitung und Garzeit: 20 Minuten

1 STÜCK THUNFISCH VOM BAUCH (400 G)
4 STENGEL FRISCHER THYMIAN
1 TEELÖFFEL FEINES MEERSALZ
1 TEELÖFFEL ZERSTOSSENER PFEFFER

Außerdem:

2 ESSLÖFFEL FRUCHTIGES OLIVENÖL
ZITRONE

1. Den Grill vorheizen. Den Thunfisch waschen und trockentupfen. Das Salz mit dem Pfeffer und den Thymianblättchen mischen und den Fisch darin wenden.
2. Sobald der Grill heiß ist, den Thunfisch 1 1/2 Minuten grillen, dabei einmal wenden. Der Fisch sollte in der Mitte noch rosafarben sein. Auf eine Platte geben, mit Olivenöl und ein paar Tropfen Zitronensaft beträufeln und heiß servieren.

Zu diesem wunderbar saftigen Thunfisch reicht man Raukesalat, der mit Olivenöl und Zitronensaft angemacht wird.

Lammkarree

mit Thymian, Pfeffer und Salz

Für 4 Personen
Vorbereitung: 10 Minuten
Garzeit: 20 Minuten

2 LAMMKARREES MIT JE 6 RIPPEN
2 TEELÖFFEL GETROCKNETER THYMIAN
20 G WEICHE BUTTER
SALZ, PFEFFER

1. Den Backofen auf 225 °C vorheizen. Salz, Pfeffer, Thymian und Butter miteinander mischen. Die Lammkarrees mit dieser Buttermischung bestreichen.
2. Das Fleisch auf den Bratrost legen, in den heißen Ofen schieben und 15 Minuten braten. Soll das Fleisch mehr durchgebraten sein, muss die Garzeit entsprechend verlängert werden.
3. Wenn das Fleisch den gewünschten Gargrad erreicht hat, noch 5 Minuten im abgestellten Ofen bei halboffener Tür ruhen lassen. Erst unmittelbar vor dem Servieren aufschneiden.

Reichen Sie zu diesem zart aromatischen Lammbraten Kartoffelrosetten – zu Rosetten gelegte, dünne Kartoffelscheiben, die zu leichten, knusprigen Fladen gebacken werden – und Artischockenviertel, die man in einer Mischung aus Olivenöl und Wasser so lange dünstet, bis die gesamte Flüssigkeit verdampft ist und die Artischocken eine goldene Farbe angenommen haben.

VANILLE

Vanilla planifolia

Die Vanilleschote ist die Frucht einer kletternden Riesenliane aus der Familie der Orchideen. Ihre Blätter sind flach, dick und glänzend und die Blüten zartgrün und klein. Sie stammt aus dem tropischen Amerika. Die Azteken verwendeten Vanille schon lange bevor die Spanier nach Mexiko kamen. Als Erster bemerkte der spanische Eroberer Bernal Diaz, dass man der Schokolade, die Montezuma gereicht wurde, gemahlene Vanille beimischte. Die Spanier tauften die Pflanze *vanilla,* die Verkleinerungsform zu *vaina,* was »Schote« bedeutet, und brachten sie mit in die Alte Welt, von wo aus sie alle anderen Länder eroberte. Am Hof des Sonnenkönigs etwa wurde sie zum Kochen und als Duftstoff verwendet.

Die Orchidee der Azteken, anfangs *Vanilla fragrans* genannt, wurde nirgendwo anders heimisch. Den Grund dafür begriff man erst, als man entdeckte, dass sie zur Befruchtung eine ganz bestimmte Bienenart benötigte. Man pflanzte Vanille auf Madagaskar, auf den Komoren, auf La Réunion und auf Mauritius an und befruchtete die Pflanzen dann von Hand, Blüte um Blüte, mithilfe eines Dorns des Zitronenbaums. Die Tahitivanille, *Vanilla tahitensis,* ist die Einzige, die das unwiderstehliche Heliotropin oder Piperonal enthält, einen sehr intensiv und schwer riechenden Duftstoff; sie ist fleischiger, ihr Duft ist stärker und fruchtiger.

Wir würzen mit den kleinen schwarzen und hocharomatischen Körnchen aus dem Inneren der Vanilleschote vor allem Desserts, doch passt Vanille auch zu herzhaften Speisen: Ein paar Messerspitzen in Saucen, Bratensaft, Fisch- oder Schaltiersud verleihen diesen ungewöhnliche Tiefe und ein geheimnisvolles Aroma.

Am besten würzt das Mark der ganzen Schote. Vanille in flüssiger Form enthält meist nur wenig natürliches Aroma. Für gemahlene Vanille werden die ganzen Schoten verwendet.

Sollte eine Vanilleschote durch Lagern zu trocken sein, dann legt man sie eine Minute in lauwarmes Wasser, damit sie wieder weich wird. Vanillezucker kann man übrigens auch selbst zubereiten, indem man ein paar Schoten in ein Glas mit Zucker gibt.

Kalbsragout mit Vanille

Für 4 Personen
Vorbereitung: 30 Minuten
Garzeit: 2 Stunden

800 G KALBSSCHULTER
600 G KALBSBRUST
1/2 LITER LEICHTER KALBS- ODER GEFLÜGELFOND
4 KAROTTEN À 100 G
1 KNOBLAUCHZEHE
4 ZARTGRÜNE SELLERIEBLÄTTER
150 G CRÈME FRAÎCHE
2 ESSLÖFFEL ZITRONENSAFT
1 VANILLESCHOTE
SALZ, PFEFFER

1. Die Kalbstbrust vom Metzger in 1,5 cm dicke Scheiben und die Schulter in 3 cm große Würfel schneiden lassen. Die Fleischstücke kurz in einen Topf mit kochendem Wasser geben, 1 Minute kochen lassen, dann abtropfen lassen und abspülen.
2. Den Knoblauch schälen. Die Karotten ebenfalls schälen und in 1/2 cm dicke Scheiben schneiden.
3. Den Kalbsfond mit der gleichen Menge Wasser in einen großen gusseisernen Topf geben und zum Kochen bringen. Leicht pfeffern und salzen. Fleisch, Karotten, Knoblauch und Sellerieblätter hinzufügen. Sobald die Flüssigkeit wieder kocht, den Topf schließen und alles 1 Stunde 40 Minuten leicht köcheln lassen.
4. Anschließend den Inhalt über einem Sieb in einen anderen Topf abgießen. Das Kalbfleisch in den ersten Topf zurücklegen und diesen schließen, um das Fleisch warm zu halten.
5. Die Brühe bei großer Hitze einkochen, bis nur etwa 200 ml Flüssigkeit übrig bleiben.
6. Die Vanilleschote mit einem kleinen spitzen Messer längs halbieren. Das Mark mit der Messerklinge herauskratzen und mit der Crème fraîche und dem Zitronensaft in die eingekochte Brühe geben. Die Sauce 1 Minute kräftig durchrühren und dann zum Fleisch geben. Alles mischen und sofort servieren.

Reichen Sie zu diesem zart aromatischen Gericht feine Tagliatelle mit Butter oder gedämpften Basmatireis.

Maronensäckchen mit Vanillesauce

Für 6 Personen. Vorbereitung und Garzeit: 1 Stunde
Kühlzeit: 1 Stunde

Für den Crêpeteig:

70 G WEIZENMEHL, TYPE 405
30 G KASTANIENMEHL, 2 EIER, 50 G BUTTER
1/4 LITER MILCH, 1 PÄCKCHEN VANILLEZUCKER
1 ESSLÖFFEL ZUCKER

Für die Füllung:

300 G BRUCH VON KANDIERTEN MARONEN
200 ML MILCH
1/4 LITER EISKALTE SAHNE
3 ESSLÖFFEL BRAUNER RUM
1 TEELÖFFEL FLÜSSIGES VANILLEAROMA

Für die Vanillesauce:

1/2 LITER MILCH, 5 EIGELB
100 G ZUCKER, 2 VANILLESCHOTEN

Zum Backen:

75 G BUTTER

1. Für die Sauce die Vanilleschoten längs halbieren und mit der Milch in einen großen Topf geben. Langsam erhitzen, aber nicht zum Kochen bringen, 10 Minuten ziehen lassen, dann das Vanillemark mit einem Messer aus den Schoten kratzen und in der Milch verrühren.
2. Das Eigelb mit dem Zucker schlagen, bis eine dicke, weißliche Masse entsteht. Unter Rühren langsam die heiße Milch zugeben.
3. Den Topf, in dem die Milch erhitzt wurde, auswaschen und die Eiermilch hineingeben. Bei mäßiger Hitze 4 bis 5 Minuten kochen lassen. Mit einem Holzlöffel dabei unablässig rühren, bis die Creme dicklich wird und sich kein Schaum mehr an der Oberfläche bildet. Vom Feuer nehmen.
4. Die Vanillesauce in eine Schüssel abseihen. Rühren, damit sich beim Abkühlen keine Haut an der Oberfläche bildet. Im Kühlschrank aufbewahren.
5. Vom Maronenbruch 50 g zur Seite stellen. Den Rest mit der Milch, dem Rum und der Vanille im Mixer fein pürieren. Die Sahne sehr steif schlagen, dann das Maronenpüree und die zerkleinerten Maronenstücke behutsam unterheben. Alles 1 Stunde in den Gefrierschrank stellen.
6. Für den Crêpeteig die Butter bei schwacher Hitze schmelzen. Die Milch zugeben und alles lauwarm werden lassen. Vom Herd nehmen. Die Eier im Mixer aufschlagen. Zucker, Vanillezucker, beide Mehlsorten und die Butter-Milch-Mischung zugeben. Alles 1 Minute auf niedriger Stufe mischen, dann den Teig in eine Schüssel geben.
7. Dieser Teig muss nicht ruhen, daher können die Crêpes gleich gebacken werden. Dazu die Butter in einer Crêpepfanne von 20 cm Durchmesser schmelzen lassen und in eine kleine Schüssel abgießen. Mit einem kleinen Schöpflöffel Teig in die Pfanne geben. Die Pfanne anheben und den Teig mit einer Drehbewegung in der Pfanne verteilen. Nach ein paar Sekunden Backzeit die Crêpe mit einem Pfannenheber wenden und 10 Sekunden von der anderen Seite backen. Die fertige Crêpe auf einen Teller legen. Auf diese Weise den gesamten Teig verarbeiten, anschließend die 12 schönsten Crêpes auswählen. Nach jeder Crêpe die Pfanne mit einem Läppchen, das man in die flüssige Butter taucht, leicht fetten.
8. In die Mitte jeder Crêpe 1 Esslöffel geeisten Maronenschaum geben. Die Crêpe zu Säckchen formen und auf der Vanillesauce servieren.

ZITRONENSTRAUCH

Aloysia triphylla

Der Zitronenstrauch, auch Zitronenverbene genannt, stammt ursprünglich aus Chile und wurde von den Spaniern nach Europa mitgebracht. Anfangs verwendete man die Pflanze zur Herstellung von Seifen und anderen Kosmetikprodukten. Der Strauch kann in warmen Ländern vier Meter hoch werden. Die spitz geformten, weichen Blätter, die in Dreiergruppen am Stengel sitzen, duften sehr aromatisch nach Zitronen, im Unterschied zur Verbene, einem Heilkraut, das nur den typischen Eisenkrautgeruch besitzt.

Die frischen Blätter des Zitronenstrauchs passen ausgezeichnet zu Fisch und Meeresfrüchten. Man kann sie aber auch fein geschnitten über Salate oder Obstkompott geben oder in Sirup oder Vanillesauce ziehen lassen. Auch als Tee schmecken sie gut und wirken zudem beruhigend und verdauungsfördernd.

Fisch in Zitronengelee

Für 4 Personen
Vorbereitung und Garzeit: 40 Minuten, im Voraus

4 FILETS VON WOLFSBARSCH, GLATTBUTT ODER GROSSEN SEEZUNGEN
3/4 LITER GEMÜSE- ODER FISCHFOND
7 BLATT GELATINE
12 FEINE SCHEIBEN UNBEHANDELTE ZITRONE
24 ZITRONENSTRAUCHBLÄTTER
1 ESSLÖFFEL ROSA PFEFFER
SALZ

1. Die Gelatine in kaltem Wasser einweichen.
2. Den Fond in einem Topf zum Kochen bringen, vom Herd nehmen und die Gelatine und die Zitronenscheiben hineingeben. Alles abkühlen und gelieren lassen.
3. Die Fischfilets leicht salzen und etwa 5 Minuten dämpfen. In Klarsichtfolie einwickeln und abkühlen lassen. Dabei mit einem Gewicht beschweren, damit sie ganz flach bleiben.
4. Sobald das Gelee halb steif ist, etwas davon auf vier kleine, tiefe Teller geben. Auf jeden Teller 1 Filet legen, mit Zitronenstrauchblättern und Pfeffer bestreuen. Die Zitronenscheiben und das restliche Gelee darüber verteilen. Vor dem Servieren mindestens 2 Stunden im Kühlschrank fest werden lassen.

Reichen Sie zu dem Fisch gemischten Salat, mit Olivenöl und Meersalz angemacht.

Statt Zitronenstrauch kann man auch Basilikum oder Koriander verwenden.

Pfirsiche mit Zitronenaroma

Für 4 Personen
Vorbereitung und Garzeit: 30 Minuten,
2 Stunden im Voraus

4 REIFE, ABER FESTE PFIRSICHE, MIT WEISSEM ODER GELBEM FLEISCH
2 ESSLÖFFEL ZITRONENSAFT
100 G HIMBEEREN
100 G ZUCKER
32 ZITRONENSTRAUCHBLÄTTER
2 BLATT GELATINE

1. Die Gelatine in kaltem Wasser einweichen. In einem großen Topf 200 ml Wasser mit dem Zucker zum Kochen bringen, 2 Minuten kochen lassen, dann vom Herd nehmen und die Gelatine zugeben. Verrühren und die Zitronenstrauchblätter hinzufügen. Abkühlen lassen.
2. Die Pfirsiche häuten und in 1 cm dicke Spalten schneiden. Mit dem Zitronensaft beträufeln und vermischen.
3. Sobald das Gelee kalt und dickflüssig ist, die Pfirsiche abtropfen und auf vier Dessertschalen verteilen. Mit den Himbeeren garnieren und das Zitronengelee darüber geben. Vor dem Servieren mindestens 2 Stunden im Kühlschrank fest werden lassen.

WASABI

Eutrema wasabi

Wasabi wird auch grüner Meerrettich oder japanischer Meerrettich genannt und ist eine Wurzel mit einem intensiven Geschmack, die wild nur an den kalten und klaren Flüssen Japans wächst. Heute wird Wasabi jedoch auch kultiviert, deshalb findet man ihn überall im Handel, doch in den besten japanischen Restaurants wird nur wilder Wasabi verwendet. Man schält die Wurzeln und raspelt sie dann ganz fein auf speziellen Reiben. Die wirkungsvollste und sicher auch ungewöhnlichste dieser Reiben besteht aus Haifischhaut. Etwas Wasabi gehört auf jeden Sashimiteller. Er wird in ein wenig Sojasauce aufgelöst, bevor man ein Fischhäppchen hineintaucht. Bei der Zubereitung von Sushi streicht man eine sehr feine Lage auf den geformten Reis, bevor man Streifen von Fisch oder Meeresfrüchten darauf legt.

Frischer Wasabi ist nur schwer erhältlich, in Asienläden jedoch findet man ihn als Pulver in Döschen oder als Paste in Tuben. Das Pulver muss in etwas kaltem Wasser aufgelöst werden, die Paste ist gebrauchsfertig und hält sich auch nach dem Öffnen im Kühlschrank fast unbegrenzt. Die Schärfe des Pulvers wie der Paste kann unterschiedlich ausfallen, das Aroma tritt mehr oder weniger stark hervor. Die Auswahl ist jedoch so groß, dass jeder sicher eine Mischung findet, die seinem Geschmack entspricht.

ヴニー
日本版
先リスト
突然、
食べたく
略号一覧
(銀) 銀行
公共施設等
飾品店等
ステージ
ガイド
北海道
札幌市
宮城県
仙台市
上野
日本橋
丸の内
東銀座
有楽町
新橋
内幸町
霞ケ関
竹橋
内神田
神保町
駿河台
飯田橋
欧明社
UBAF
ぶどうの
パレスサイ
流水書房
インターナ
ランゲージ
カフェ・
三省堂書店
東京堂書店
めてフランス
は、力強い
酔いのせいで
日本人の
家庭の
出来上
ル麻布
近所の紀
4-7515) をま
官にも近い前
円、通常650
5円、通常

Sashimi

Für 4 Personen
Vorbereitung: 20 Minuten
Kühlzeit: 1 Stunde

1 DORADE VON 800 G
400 G WEISSER THUNFISCH
300 G LACHSFILET
200 G GESÄUBERTER TINTENFISCHBEUTEL
2 HOLZMAKRELEN
ZITRONENSCHEIBEN
WEISSER RETTICH, GERIEBEN
SHISOBLÄTTER
NORIALGEN

Außerdem:

JAPANISCHE SOJASAUCE
3 TEELÖFFEL WASABIPULVER

1. Die Dorade und die Holzmakrelen vom Fischhändler filetieren und Haut und Gräten entfernen lassen. Die Mittelgräte und die Haut von Thunfisch und Lachs ebenfalls entfernen lassen. Den Fisch vor der Zubereitung mindestens 1 Stunde anfrieren lassen.
2. Das Wasabipulver in eine kleine Schüssel geben, etwa 1 Esslöffel kaltes Wasser hinzufügen und mit einer Gabel zu einer weichen Paste verarbeiten, anschließend zu einer Kugel rollen oder ein Blatt daraus formen.
3. Die Oberfläche des Tintenfischbeutels anritzen und ein Noriblatt auf die glatte Seite legen. Ein Algenblatt in den Tintenfisch einrollen, die Rolle dann mit einem sehr scharfen Messer in 1 cm dicke Scheiben schneiden. Den Thunfisch und den Lachs in 1/2 cm dicke Rechtecke von 1 × 2 cm schneiden. Das Doradefilet quer zur Faser in sehr feine, schräge Scheiben schneiden. Die Holzmakrelenfilets mit dem Messer grob hacken: Man kann eine Spur frisch geriebenen Ingwer zugeben.
4. Den vorbereiteten Fisch auf sechs sehr flachen Tellern anrichten. Dabei die einzelnen Fischsorten durch etwas geriebenen Rettich voneinander trennen. Mit den Shisoblättern und den Zitronenscheiben dekorieren. Auf jeden Teller etwas von dem geformten Wasabi geben.
5. Sofort servieren. Kleine flache Schälchen dazu stellen, in denen man etwas Wasabi in Sojasauce auflösen kann.

Sie sollten den Fisch mit Stäbchen essen. Dann kommt der feine Geschmack besser zur Geltung. Beginnen Sie mit dem Tintenfisch, dann probieren Sie den Lachs, dann die Dorade und schließlich den Thunfisch und die Holzmakrele. Tauchen Sie die einzelnen Fischstücke in die mit Wasabi verrührte Sojasauce.
Holzmakrelen erhält man bei uns nur selten, sie lassen sich aber durch jede andere Makrele ersetzen. Man kann das Gericht auch mit anderen Fischen und Meeresfrüchten abwandeln, zum Beispiel Barsch, Sardine, Glattbutt oder rohen, ausgelösten Garnelen.
Traditionell serviert man zu Sashimi fein geraspelten Daikonrettich.

Chirashi Sushi

Für 4 Personen
Vorbereitung und Garzeit: 1 Stunde

Für den Reis:

300 G JAPANISCHER REIS
3 ESSLÖFFEL REISESSIG
$1^1/_2$ ESSLÖFFEL ZUCKER
1 TEELÖFFEL FEINES MEERSALZ

Außerdem:

GERÖSTETE SESAMSAMEN
NORIALGEN
EINE AUSWAHL AN ROHEM ODER MARINIERTEM FISCH, IN FEINE STREIFEN GESCHNITTEN
GEKOCHTE GARNELEN
LACHSKAVIAR
OMELETTSTREIFEN UND GURKENSCHEIBEN
IN ESSIG EINGELEGTER INGWER (GARI)
SOJASAUCE
WASABIPASTE

1. Den Reis mehrmals in einer Schüssel mit kaltem Wasser waschen, dabei mit den Fingerspitzen vermengen. Anfangs wird das Wasser trüb. So oft waschen, bis das Wasser klar bleibt. Den Reis in einem Sieb sehr gut abtropfen lassen: Das dauert etwa eine Viertelstunde.
2. Den Reis in einen Topf geben, 600 ml kaltes Wasser hinzufügen und bei großer Hitze zum Kochen bringen. Den Reis 2 Minuten kochen lassen, dann 5 Minuten bei mäßiger Hitze weiterkochen und anschließend 15 Minuten bei schwacher Hitze zugedeckt und ohne umzurühren garen lassen. Den Herd ausschalten, den Deckel abnehmen, ein Tuch über den Topf legen, damit der Wasserdampf nicht auf den Reis zurückfällt und ihn nicht aufweicht. Den Deckel wieder auflegen und den Reis 10 bis 15 Minuten ruhen lassen.
3. In einem Topf Essig mit Zucker und Salz mischen. Bei schwacher Hitze auflösen, dann abkühlen lassen.
4. Den Reis in eine große Schüssel geben. Die einzelnen Körner voneinander lösen, indem man mit einem Kochlöffel in Längs- und in Querrichtung durch den Reis hindurchfährt. Die Essigmischung nach und nach zugeben und 2 Minuten untermischen, damit jedes Reiskorn fein mit glänzender Sauce überzogen ist.
5. Den Reis auf vier Schalen verteilen. Sesam und Noristreifen darüber streuen. Dann den Fisch, die Garnelen, den Kaviar und die Omelettstreifen mit Gurke und Ingwer darauf verteilen.
6. Die Sojasauce auf kleine Schälchen verteilen, etwas Wasabi an den Rand setzen und in der Sojasauce auflösen. Die Fischstücke und die Garnelen kurz eintauchen, bevor man sie mit etwas Reis isst. Mit jedem Stückchen Fisch isst man auch etwas Gurke oder Gari.

Wenn Sie keinen japanischen Reis bekommen können, versuchen Sie es mit italienischen Sorten wie Arborio oder Vialone. In jedem Fall braucht man für Sushi einen Reis, der klebt.

ZITRUSSCHALEN

Alle Zitrusfrüchte besitzen eine besonders aromatische Schale, die viel ätherisches Öl enthält. Am häufigsten verwendet man Orangen-, Zitronen-, Limetten- und Klementinenschalen. Man reibt sie oder schneidet sie zu Streifen oder Locken, die nur aus dem farbigen Teil der Schale bestehen sollten, da der weiße, pelzige Teil bitter schmeckt. Dabei gibt es Zitrusfrüchte, deren Schalen weit aromatischer sind. Die Schale der Mandarine etwa, die leider nur sehr kurze Zeit auf dem Markt ist. Die Frucht ähnelt der Klementine, doch ist sie oben und unten abgeflacht, und ihre Haut ist kräftiger orangefarben. Ihr Fruchtfleisch sitzt voller Kerne und schmeckt häufig wässrig, doch ist sie wegen ihrer süßen, sehr fruchtig schmeckenden Schale beliebt.

In manchen Ländern gibt es Zitrusfrüchte, die wir gar nicht kennen, wie in Japan die *Yuzu* und die *Sudachi,* kleine Früchte, deren Schale man fein reibt und dann über Salat oder marinierten Fisch gibt. Man kann sie auch vierteln und zu Gegrilltem servieren oder ihren Saft in eine Vinaigrette geben. Die Kaffirlimette ist klein, dunkelgrün und hat eine stark runzlige, besonders aromatische Schale. Man kann die Schale abreiben oder in Marinaden schneiden. Das Fruchtfleisch dieser Limette enthält fast keinen Saft. Ihre Blätter duften stark, so ähnlich wie Zitronengras. In Thailand verwendet man sie zum Kochen. Die Limette, die von den Antillen stammt, ist eine kleine, dunkelgrüne Zitrone, sehr saftig und vor allem wegen ihres feinen sauren Geschmacks beliebt.

Carpaccio von Jakobsmuscheln

Für 4 Personen
Vorbereitung: 5 bis 10 Minuten
Marinierzeit: 30 Minuten

12 GROSSE JAKOBSMUSCHELN

2 KAFFIRLIMETTEN

100 ML SEHR FRUCHTIGES OLIVENÖL

1. Von den Jakobsmuscheln nur die Nüsschen verwenden.
2. Die Nüsschen waschen und trockentupfen. Jedes quer in drei oder vier Scheiben schneiden.
3. Das Muschelfleisch auf vier Tellern verteilen und mit dem Öl beträufeln. Die Limetten waschen und die fein geriebene Schale über die Muscheln streuen. Etwa 30 Minuten im Kühlschrank marinieren lassen.

Reichen Sie zu den Jakobsmuscheln geröstetes Brot und einen Salat mit einer Salatsauce, die Zitronensaft enthält: vielleicht gemischten Salat, jungen Spinat oder Portulak.

Zitronenküchlein

mit Olivenöl

Ergibt 18 Stück
Vorbereitung: 15 Minuten
Backzeit: 25 bis 30 Minuten, im Voraus

100 ML ZITRONENSAFT

100 ML MILDES OLIVENÖL

3 EIER, 200 G ZUCKER

2 ESSLÖFFEL ABGERIEBENE ZITRONENSCHALE

250 G MEHL, 1 PÄCKCHEN BACKPULVER

Zum Garnieren:

SCHALE VON 3 UNBEHANDELTEN ZITRONEN, IN FEINE STREIFEN GESCHNITTEN

1/4 LITER ZITRONENSAFT

150 G ZUCKER

1 BLATT GELATINE

1. Den Backofen auf 175 °C vorheizen. Die Eier mit dem Zucker schaumig schlagen, bis sich das Volumen der Masse verdreifacht hat.
2. Unter Schlagen den Zitronensaft und das Öl zugeben. Dann das Mehl mit dem Backpulver hineinsieben, die Zitronenschale zugeben und alles mit einem Rührlöffel unterheben.
3. Den Teig auf Förmchen mit 5 cm Durchmesser verteilen. Diese auf ein Backblech stellen und im Ofen in etwa 25 bis 30 Minuten hellbraun backen.
4. In der Zwischenzeit für die Garnierung die Gelatine in kaltem Wasser einweichen.
5. Den Zitronensaft mit dem Zucker und den Zitronenschalenstreifen in einen Topf geben und etwa 10 Minuten bei milder Hitze dickflüssig einkochen lassen. Vom Feuer nehmen, das abgetropfte Gelatineblatt zugeben und in der Flüssigkeit auflösen.
6. Die Zitronenschale auf den Küchlein verteilen, den heißen Sirup darüber geben und abkühlen lassen.

VERZEICHNIS DER REZEPTE

Vorspeisen

Fisch und Meeresfrüchte

Fleisch und Geflügel

Gemüse

Nudeln und Reis

Desserts

Chutneys, Saucen und Eingelegtes

ALPHABETISCHES REGISTER

DANKSAGUNG

Der Verlag dankt Cyril Skynazy, La Tuile à loup, Autrement Kitchen, Kitchen Bazaar, La Maison ivre, Molin, Au Bon Marché, Jars, Kimonoya, Kaze, Ikat, Mis en demeure, The Conran Shop, Quartz, CFOC, Peter Créations, Le Cèdre rouge, Mongolfier & Etang, Diva, Oxadyu, Cristal d'Arcques, Retour d'escapades

Aus dem Französischen übersetzt von Verena Vannahme
Redaktion: Britta Muellerbuchhof
Korrektur: Herbert Scheubner
Umschlaggestaltung: Caroline Georgiadis
Herstellung: Dieter Lidl
Satz: Fotosatz Völkl, Puchheim

Die Originalausgabe mit dem Titel *La Cuisine des Parfums* wurde erstmals 1996 im Verlag Les Editions du Chêne – Hachette Livre, Paris, veröffentlicht

Text: Elisabeth Scotto, Marianne Comolli, Michèle Carles
Fotos: Christine Fleurent
Art Director: Sabine Büchsenschütz

Druck und Bindung: Canale, Turin
Printed in Italy

ISBN 3-88472-334-0